夸孩子我有1000句

张国奎◎编著

山东科学技术出版社

·济南·

图书在版编目（CIP）数据

夸孩子我有 1000 句 / 张国奎编著. -- 济南 : 山东科学技术出版社, 2025. 3. -- ISBN 978-7-5723-2628-8

Ⅰ. G782

中国国家版本馆 CIP 数据核字第 2025XL5093 号

夸孩子我有 1000 句

KUA HAIZI WO YOU 1000 JU

责任编辑：张洋洋

装帧设计：创巢视觉　智灵童

主管单位：山东出版传媒股份有限公司

出 版 者：山东科学技术出版社

地址：济南市市中区舜耕路 517 号

邮编：250003　电话：（0531）82098088

网址：www.lkj.com.cn

电子邮件：sdkj@sdcbcm.com

发 行 者：山东科学技术出版社

地址：济南市市中区舜耕路 517 号

邮编：250003　电话：（0531）82098067

印 刷 者：优奇仕印刷河北有限公司

地址：河北省衡水市故城县金宝大道东侧印刷产业园

邮编：253800　电话：（0318）5310588

规格： 32 开（145 mm × 210 mm）

印张： 6　**字数：** 150 千　**印数：** 1~20 000

版次： 2025 年 3 月第 1 版　**印次：** 2025 年 3 月第 1 次印刷

定价： 46.80 元

前言
PREFACE

心理学家杰斯·雷尔曾说："称赞对温暖人类的灵魂而言，就像阳光一样，没有它，我们就无法成长开花。"

孩子在成长过程中，哪怕做了一件很小的事，在得到大人的表扬和称赞时，也会感到非常开心，进而带着这种开心的心情，继续做更多类似的事，期望得到大人更多的称赞和表扬。

诚然，面对孩子的良好表现，家长应给予孩子及时的称赞和表扬，以激发孩子的内在驱动力。但是夸奖并不是简单的一句"你真棒""你真聪明"这种泛泛的表扬，否则不仅起不到激发孩子内在驱动力的作用，反而会让孩子产生依赖，让孩子变得没有表扬就不愿意行动。所以，家长要学会正确夸奖孩子。

所谓正确的夸奖，其实就是具体、有指向性、有针

对性的夸奖，强调孩子的努力、态度、坚持、独立、习惯、勇气、守信、细心等行为和品格，让孩子更容易理解，知道哪些行为和品格是被鼓励、肯定、认可的，那么，今后他就会怎么做。

为了帮助家长更好地赞美和激励孩子，本书从日常生活的角度出发，精心编写了1000句夸奖孩子的话语，涉及学习、行为、品德、家风、心态、社交等六大方面。通过这些具体而生动的话语，家长可以更精准、更生动地表达对孩子的赞美，从而帮助孩子茁壮成长。同时，本书还以漫画的形式，展现了亲子间的生活日常，增强了阅读的趣味性。

我们衷心希望这1000句充满智慧和情感的高情商夸奖话语，能够帮助家长更好地欣赏孩子、鼓励孩子，陪伴孩子健康、快乐地成长，共同创造一个充满爱与支持的家庭环境。

目录
CONTENTS

第一章　夸出学习好习惯

第二章　夸出自律好行为

第三章　夸出自信好心态

第四章　夸出优良好品质

第五章　夸出优质好社交

第六章　夸出感恩好孩子

第一章 夸出学习好习惯

端正学习态度，夸孩子学习踏实认真

情景案例

孩子对待学习粗心大意、敷衍了事，不注重学习质量和效果，这种不端正、不认真的学习态度让家长颇为苦恼，故而家长常常采取严厉批评或过度唠叨等方式，要求孩子认真。但这样做不仅不会让孩子有所改善，反而会让孩子对学习感到厌烦，甚至失去学习的动力。

案例分析

孩子学习态度不端正，有以下一些常见的原因：

学习压力过大
孩子对学习产生抗拒心理

家庭环境因素
父母的态度、家庭成员间的关系影响了孩子的心理

情感和心理问题
孩子可能存在焦虑、抑郁、自卑等心理

对学科不感兴趣
让孩子对学习失去了动力，产生了厌烦情绪

学习方法不当
孩子没有掌握有效的学习方法，对学习产生挫败感

家长需要根据孩子的具体情况，帮助他们找到问题所在，并提供相应的支持和帮助。比如帮助孩子制订合理的学习计划、创造良好的学习环境等。

当孩子在学习中表现出认真、努力的态度时，家长要及时给予肯定和鼓励，哪怕只是一个小小的进步，也要毫不吝啬地夸奖和赞赏。这种积极的反馈，能够帮助孩子建立学习的自信心和成就感，让他们感受到来自父母的认可和支持，从而对学习变得主动且认真。

高情商父母都这样夸孩子

1. 宝贝，看到你认真学习的样子，妈妈忍不住想要夸你！
2. 宝贝，你今天写作业好认真呀，这种学习态度很值得称赞！
3. 宝贝，你这种不懂就问的学习态度，能让你更好地吸收知识。

4. 你发现学习其实没那么难了，这跟你学习越来越主动有关。
5. 妈妈很高兴看到你今天不仅学到了新知识，还感受到了更多的乐趣。
6. 学习很辛苦，但你却不叫苦，妈妈真为你骄傲！
7. 你感兴趣就去学吧，妈妈永远都会支持你的。
8. 你能如此安静地认真学习，妈妈真为你高兴！
9. 你这么认真踏实，妈妈要为你点赞！
10. 宝贝，你今天写作业时超级认真，这种态度值得表扬！
11. 你努力学习的样子，爸爸妈妈都看在眼里了，宝贝，你很棒！
12. 你能独立思考、学习，这种能力非常重要！
13. 你能很好地把知识点总结出来，真的太棒了！
14. 你对学习的执着和热情，让妈妈看到了你无限的潜力。
15. 你善于思考和提问的习惯，是很多人都做不到的！
16. 你对不懂的知识总是充满了好奇，这种求知欲将助你走得越来越远。
17. 你对学习的自信与坚持，会让你进步越来越快的！
18. 你不光关注学习结果，更注重学习过程，这种学习的态度非常值得肯定！
19. 看到你对学习的积极性，妈妈由衷地感到高兴！
20. 继续保持这种认真踏实的学习态度，妈妈相信你很快就能达到你的目标了。
21. 知识探索的旅程充满了惊喜，妈妈会一直陪着你的！
22. 宝贝，你学习这么踏实，爸爸妈妈要奖励你。
23. 你心里有一颗求知的种子，妈妈看到它正在发芽长大呢！
24. 你认真学习的样子，像星星一样闪闪发光，真好看！

25. 你学习时专心的样子真美！
26. 宝贝，你这么认真踏实地学习，妈妈要奖励你好吃的！
27. 你如此认真学习，已经是其他小朋友学习的榜样了！
28. 你不怕困难的学习态度，妈妈看了都佩服！
29. 你具备踏踏实实、认认真真学习的宝贵品质，这点很难得！
30. 认真学习的你，已经打开了知识的大门，妈妈真为你高兴！
31. 你对待学习坚持不懈的品质，会让你越来越优秀的！
32. 宝贝，你这种认真学习的态度实在难得，继续保持，你会更优秀的！

贴心叮咛

简单粗暴的批评或者不停唠叨，不但不能激发孩子的学习主动性，反而容易打击孩子的自信心，使他们产生挫败感，甚至对学习产生厌恶情绪。

拒绝拖拉，夸孩子说做就做

情景案例

孩子在写作业或者平时做事时，常常表现得磨磨蹭蹭、拖拖拉拉，家长为此常感到心力交瘁。在苦口婆心说教或反复催促，依然无法让孩子有丝毫改变后，有的家长便忍不住会发脾气、大声训斥，但结果往往是孩子更加磨蹭、拖拉。

案例分析

孩子写作业拖拉的背后通常隐藏着多种原因，主要有以下几种：

1. 对时间没有概念

2. 害怕失败

3. 害怕面对挑战

4. 对作业缺乏兴趣

5. 缺乏自律

家长若想帮助孩子克服拖延的毛病，在了解孩子行为背后的原因后，可以通过引导孩子制订目标和计划，将大目标分解成一个个小目标，帮助孩子做好时间管理，让孩子逐步克服拖延的习惯。

当孩子每完成一个小目标时，家长要及时给予肯定和鼓励，通过夸奖的方式引导孩子积极主动地行动，激发他们的内在动力，让他们意识到说到做到和立即行动的重要性，并体验到行动带来的成就感。当孩子感受到来自父母的肯定和鼓励，他们就会更加自信、更有动力去克服拖延的习惯。

高情商父母都这样夸孩子

1. 你每天都能坚持早起，不赖床，这个自律习惯太难得！
2. 你今天说起床就起床，真准时，为你点赞！
3. 你今天起床就像小火箭一样快，值得称赞！
4. 你每天都能按时上床睡觉，妈妈为你的规律作息点赞！
5. 你今天在规定的时间内完成了老师布置的作业，真棒！
6. 你能主动将自己一天的事情规划好，不拖延，真厉害！

7. 五点前完成作业的目标，你已经达到了，太厉害了！
8. 你每次都能按规定的时间放下手机，这种自制力非常难得！
9. 你能按计划完成每天的阅读任务，真厉害！
10. 你做好计划后能马上去做，这种执行力非常厉害！
11. 宝贝，你这个计划的条理性很强，而且你也按计划执行了，真厉害！
12. 你能够主动制订学习计划并认真执行，相信你的学习会越来越轻松的！
13. 宝贝，你每天都能按计划坚持背诵单词，你的英语学习一定会越来越轻松的！
14. 你能够提前完成周末复习计划，妈妈为你点赞！
15. 完成作业后，你又预习了明天的学习内容，这种主动学习的习惯特别好！
16. 虽然老师布置了很多作业，但你依然在规定的时间内完成了，真了不起！
17. 宝贝，你每次都能说到做到，妈妈为你感到骄傲！
18. 你每天都坚持运动，妈妈也要向你学习！
19. 你说写作业，马上就去写，真是个行动力超强的好孩子！
20. 因为你提前做好了所有准备，所以你游刃有余地完成了比赛，真棒！
21. 宝贝，你说画就画，而且一连画了四幅，每幅都有不同的表达，真厉害！
22. 宝贝，你今天做事特别迅速，说做就做，妈妈为你点赞！
23. 你每天都能早起练球，这种自律的品质一定能帮助你早日实现梦想！

24. 你今天说做就做，并且提前完成了，真棒，宝贝！
25. 你今天比昨天更加主动，不用我提醒就开始做作业了，真是妈妈的好宝贝！
26. 你说要学攀岩，马上就开始学，行动力真强！
27. 宝贝，你说要去练习冰球，马上就开始收拾装备，真是个行动力超强的孩子！
28. 宝贝，你说要做练习，不仅马上就做了，而且完成质量还这么高，你可真棒！
29. 要去看望爷爷奶奶，你早早地就准备好了礼物，真是个又孝顺做事又有计划的好孩子。
30. 宝贝，你在遇到问题时会立刻想办法解决，这个习惯很难得！
31. 你答应妈妈自己整理玩具，马上就去做了，真是个说做就做的小伙子！
32. 你发现作业有需要改正的地方，马上就找出原因并进行了改正，这个习惯非常好！

贴心叮咛

想要帮助孩子改掉拖拉的习惯，家长还要以身作则，为孩子树立良好的榜样。

帮孩子找到适合的学习方法，夸孩子善于总结

情景案例

很多孩子在学习中没有形成自己的一套学习方法，有些家长不管孩子的实际情况，将自己认为不错的学习方法强加给孩子。这样做不仅帮不了孩子，还会让孩子对学习产生厌倦和抵触情绪。

案例分析

孩子不能掌握有效的学习方法，往往有以下几方面原因：

1 学习无计划

2 不会科学利用时间

3 不善于归纳总结

家长与其批评孩子学习方法“不对”，不如尝试着引导孩子进行总结和反思，可以和孩子一起回顾学习过程，帮助他们分析哪些方法有效、哪些方法需要改进。当孩子取得进步时，及时给予夸奖和鼓励，帮助孩子找到适合自己的学习方法，让他们在学习的道路上走得更稳、更远！

高情商父母都这样夸孩子

1. 爸爸妈妈知道你一直在总结、尝试，我们也相信你一定能快速提升的。
2. 通过不断尝试和调整，你终于找到了适合自己的学习方法，恭喜宝贝！
3. 宝贝，你能够掌握自己的学习节奏，妈妈很为你开心！
4. 你最近进步很大哦，快跟妈妈分享一下你的学习方法。
5. 宝贝，在学习中遇到困难时，你能先分析再解决，这点非常难得！

6. 你懂得利用网络资源来辅助学习，丰富了学习渠道，真不错！
7. 你愿意分享你的学习方法帮助其他同学一起进步，真是个好孩子！
8. 你懂得利用碎片时间加强学习，妈妈看了真高兴！
9. 你能把学过的知识串联起来，形成自己的理解，这很不容易！
10. 你能用自己的语言将复杂的概念解释清楚，说明你的学习方法很有效！
11. 宝贝，你最近进步真大，说明你改善的学习方法奏效了！
12. 宝贝，你善于总结和反思，这点非常难得！
13. 你整理错题的习惯，帮助你更好地掌握了知识点。
14. 宝贝，你能灵活运用学过的知识，说明你对知识点的掌握非常到位！
15. 你在复习方面做得特别好，这点对你的学习有很大帮助！
16. 你利用课余时间拓宽知识面，这种学习的方法会让你越来越优秀的！
17. 宝贝，你学会了用思维导图整理知识点，真了不起！
18. 宝贝，你把错题分类整理并分析原因后，学习效率都提高了呢！
19. 宝贝，你能根据自己的状态调整学习节奏，这点真厉害！
20. 你现在的笔记比原来好太多了，这对你的学习会有很大帮助的！
21. 你能把课上学到的知识运用到生活中，说明你完全理解了那些知识。

22. 你能快速找出问题的关键，这种解决问题的能力非常厉害！

23. 你善于发现问题，并积极寻求解决方法，这种探究精神非常可贵！

24. 你能够克服困难，努力寻求更好的解决方法，真令人敬佩！

25. 宝贝，你懂得和同学一起探讨交流，这种学习方法很值得表扬！

26. 你的课堂笔记整理得这么清晰，妈妈一看就知道你用心学了！

27. 宝贝，你懂得劳逸结合，该学学，该玩玩，这种学习方法值得称赞！

28. 你能够举一反三，用学过的知识来解决相似的问题，这种能力真了不起！

29. 你对待学习有自己的计划和目标，相信你很快便能实现自己的小目标！

30. 你能够根据不同的科目采用不同的学习方法，这点非常难得！

31. 你懂得合理安排学习和游戏时间，做得很好，宝贝！

32. 宝贝，你能够制订出清晰、有条理且侧重点明确的学习计划，非常厉害！

贴心叮咛

家长平时要耐心地引导孩子表达自己的想法和感受，这样才能了解孩子在学习过程中遇到的困难和困惑。

能够高效完成作业，夸孩子写作业专心

情景案例

孩子写作业时，经常会因为贪玩出现分心和拖延现象，让作业完成效率低下，这时家长往往会不断催促，有的家长甚至大吼大叫，要求孩子马上去写。这些处理方式不但很难解决问题，还会让孩子对写作业产生抵触情绪，降低孩子学习的兴趣和积极性。

案例分析

孩子写作业不专注，主要有以下几方面原因：

1. 情绪压力过大
2. 自我价值感低
3. 家庭氛围不和谐
4. 家长过度监督或批评
5. 学习环境嘈杂

为了帮助孩子养成专心写作业的习惯，家长可以采取一些积极的方法引导孩子，及时给予夸奖和鼓励，避免简单粗暴地批评或惩罚。比如，父母可以仔细观察孩子在写作业过程中的表现，寻找孩子的进步点和闪光点，然后给出具体且有明确指向性的夸奖。

高情商父母都这样夸孩子

1. 你今天的作业完成得非常快，字迹工整，答案也没错，太棒了！
2. 你能抵挡住动画片的诱惑，专心而高效地完成作业，妈妈为你点赞！
3. 你不仅高效完成了作业，还主动做了检查，真是个做事有效率又细心的孩子。
4. 你今天完成作业的效率比昨天高了很多，恭喜你，宝贝。
5. 你今天的作业完成得既快又好，说明你在既定时间内可以有效地完成任务。

6. 做作业时，你保持了平静的心态，这点帮你高效完成了作业。
7. 你今天的作业不仅完成速度快，而且准确率很高，真是厉害！
8. 你今天的作业完成得既快又好，说明你已掌握了课上所学的知识。
9. 今天的作业又多又难，但你不仅耐心地做完了，而且速度还很快，妈妈真为你高兴。
10. 你今天做作业时一点儿也没分心，这种专注力真的很可贵。
11. 宝贝，你对待作业的态度既认真又负责，妈妈看了很欣慰！
12. 你做作业时的认真和努力，让妈妈相信你一定会越来越出色的。
13. 你能合理安排时间，高效完成作业，时间管理能力真强。
14. 今天做作业时，你自信满满，很快就将所有题目做完了，而且答案都正确，这种状态非常好。
15. 你做作业时不仅关注答案，还重视解题过程，这种学习方法会逐渐提升你的学习成绩。
16. 遇到难题时，你没有放弃，而是将所学知识进行联系思考，这种习惯值得鼓励。
17. 你能将所学的知识与实际生活相联系，真了不起。
18. 无论遇到什么困难，你都能积极寻找解决办法，这种习惯很好！
19. 你在规定时间内高效完成了作业，现在可以尽情享受你的自由时间了。
20. 你今天写作业时足够专注，完成作业只用了20分钟，真棒！

21. 遇到不会的题目，你会认真思考，这个习惯让你的作业完成效率越来越高了。
22. 今天做作业时，你主动查阅资料，展现出了很强的学习能力。
23. 你今天提前20分钟完成了作业，效率越来越高了。
24. 你的好奇心和求知欲会带你学习更多新知识。
25. 你总是将不懂、不会的题目标出来请教老师和同学，这种学习态度非常值得肯定。
26. 你不仅很快完成了作业，还提前进行了预习，真棒！
27. 能把复杂的题目分解成简单的步骤来解决，这展现了你出色的解决问题能力。
28. 你能在很短的时间内解答这么难的题，说明你对知识点掌握得很牢固。
29. 做作业时，你能灵活运用所学知识，表明你对知识深入理解了。
30. 你做作业时的专注力，让你完成作业的效率提升了很多。
31. 就算面对重复的练习题，你也能保持耐心一道道解答，这种学习态度非常难得。
32. 你看，保持桌面整洁后，你写作业的速度都提上来了，真为你高兴。

贴心叮咛

孩子从玩耍状态到专注写作业状态需要一个过程，父母若不给孩子过渡的时间，频繁干扰他们，不仅会影响他们完成作业的质量，甚至还可能会影响他们后续的学习状态和效率。

激发孩子的阅读兴趣，夸孩子的求知欲

情景案例

相对于阅读来说，很多孩子对玩游戏或看电视更感兴趣，为此家长对孩子的语言表达能力、想象力以及对世界的认知表示担忧。有些家长试图通过强制手段让孩子多读书，但这种方式往往适得其反，让孩子更加反感阅读。

案例分析

孩子对阅读缺乏兴趣，往往有以下两方面原因：

尚未找到适合自己的书籍类型 × 未能体验到阅读的乐趣

为激发孩子的阅读兴趣，家长可以采取一些积极的方法引导孩子。例如，与孩子一起阅读，分享阅读的乐趣；为孩子提供丰富的阅读材料；家长观察孩子在阅读中的表现，发现他们的进步点和亮点，并及时给予表扬和鼓励，增强他们的成就感和学习动力，进而帮助孩子在阅读中找到乐趣，让孩子逐步养成良好的阅读习惯。

高情商父母都这样夸孩子

1. 你的表情告诉我，你真的很享受读书的过程！
2. 你不仅喜欢阅读，还喜欢写作，妈妈已经看到未来的大作家了！
3. 你的阅读很广泛，了解了不同国家的文化，真是个博学多才的孩子！
4. 通过阅读，妈妈发现你的见解更独到了，继续加油！
5. 你读书时专注的状态，让你整个人都闪闪发光。
6. 你读的书都是你感兴趣的，说明你对自己的喜好很了解，特别棒！
7. 通过阅读，你了解了那么多太空的奥秘，真了不起！
8. 坚持阅读的你，词汇量越来越丰富了，表达能力也越来越强了，妈妈都为你高兴！
9. 我发现你的作文越来越有趣了，是阅读帮你打开了想象的空间。

10. 阅读让你懂得了做人做事的道理，妈妈相信你会越来越优秀的。
11. 妈妈知道你还是热爱阅读的，只是需要一点时间调整，妈妈等你。
12. 刚刚阅读时那么认真，快跟妈妈讲讲，书中都讲了什么？
13. 你能共情故事中人物的情绪，说明你对角色的理解非常深刻。
14. 阅读中有不懂的，你会主动查资料，这种学习的态度非常值得赞扬。
15. 你总能在阅读中发现别人不易发现的细节，理解力和观察力真强！
16. 阅读让你的思想越来越深刻了，妈妈现在跟你聊天都跟不上你的思路了！
17. 妈妈发现你对历史人物很感兴趣哦，能给妈妈讲讲原因吗？
18. 宝贝，妈妈发现，通过阅读你变得越来越自信了，继续保持吧！
19. 你坚持每天阅读，这真的是个好习惯，相信这个习惯会让你受益终身的！
20. 妈妈发现，通过一段时间的阅读，你的视野变得更广阔了。
21. 你刚刚认真看书的样子，我都给你拍下来了，你看多美！
22. 你看，经过一段时间的阅读，你说话更有条理了，阅读的力量是不是很神奇？
23. 宝贝，你现在已经发现了阅读的兴趣，妈妈真为你高兴。

24. 你能为了阅读主动放下手机，这种自我管理能力让妈妈很欣慰。

25. 妈妈发现你对阅读已经上瘾了，妈妈支持你，有喜欢的书和妈妈说，妈妈都会买给你。

26. 你的阅读面真广泛，从科幻到文学，你都很喜欢。

27. 你阅读后会和朋友分享感悟，这种习惯非常值得提倡！

28. 你能把书中的故事清晰有条理地讲给妈妈听，真的好棒！

29. 你会挑选自己喜欢的书，说明你对阅读已经有了自己的想法，真棒！

30. 宝贝，你为了留出时间来阅读，高效地完成了作业，真棒！

31. 妈妈发现你对阅读的兴趣在增加哦，妈妈相信你会越来越喜欢读书的！

32. 妈妈发现你对科普类的图书很感兴趣哦，妈妈支持你，还会给你买这类书的！

贴心叮咛

阅读习惯的养成是一个需要家长和孩子共同努力的过程，家长要以身作则，平时多阅读。

激发孩子的好奇心，夸孩子积极动脑，善于思考

情景案例

有些孩子平日里充满了好奇心，会提出各种各样奇怪的问题，或者展现出独特的创意和想法。然而，很多家长不能理解孩子这种行为背后的意义，而是简单地将其视为破坏行为或浪费时间，从而加以制止或批评。这种做法不仅会让孩子感到委屈和失落，还可能会压制他们的好奇心和创造力，使他们逐渐失去对新事物的探索兴趣。

案例分析

孩子的好奇心和探索欲是宝贵的财富，能促使他们积极思考并理解世界，家长可以从以下几个方面去激发和保护孩子的好奇心：

- 为孩子提供丰富多样的学习材料
- 为孩子设置一些具有挑战性的任务
- 鼓励孩子提问与探索
- 培养孩子自主学习的能力

面对孩子的好奇心，家长与其制止，不如换个角度，用夸奖和鼓励帮助孩子把好奇心变成探索世界的驱动力。比如，当孩子提出奇怪的问题时，家长可以一起探讨，引导他们通过观察、实验、查阅资料等方式寻找答案。当孩子提出独特的创意时，家长应给予肯定和支持，鼓励他们进一步完善和实践想法。

高情商父母都这样夸孩子

1. 宝贝，你对事物的好奇心和探索欲，让我相信你具备科学家的潜质。
2. 哇，你把玩具拆开又装好了，这种善于思考、勇于探索的行为值得鼓励！
3. 你总是有那么多新奇有趣的想法，这种善于动脑思考的习惯很值得称赞。
4. 宝贝，你自己想到了解决办法，真是个善于思考的好孩子！

5. 宝贝，你遇到难题不害怕，还努力想办法，这种善于思考的习惯很值得鼓励！
6. 你遇到困难没有放弃，而是坚持尝试不同的方法，真棒！
7. 你能自己想办法解决问题，这种独立且善于思考的习惯让妈妈很欣慰！
8. 妈妈发现你很善于思考，总能想出一些与众不同的点子！
9. 宝贝，你的见解让妈妈对这个问题有了新的理解，你真棒！
10. 你的好奇心很强，而且善于思考，妈妈相信你的未来有无限可能。
11. 你真是个善于观察的孩子，总会有一些奇特的发现。
12. 你的思考很深邃，并且还有这么大的发现，妈妈真为你感到骄傲！
13. 你能够独立思考，坚持自己的立场，不人云亦云，这种能力非常宝贵！
14. 遇到困难，你习惯先思考，再解决，这个习惯非常难得。
15. 你不仅善于思考，还勇于探索，妈妈相信你的未来不可限量。
16. 你爱动脑筋、善于思考，妈妈相信你的作业也能独立完成。
17. 你这种打破砂锅问到底的求知精神非常可贵。
18. 你善于思考，又充满好奇心，这种探索精神非常值得鼓励。
19. 这幅作品太有创意了，一看你就用心构思了。
20. 你善于思考，对世界也充满了好奇，这会帮助你有更多发现。
21. 你真是个善于动脑的好孩子，总能主动地打开新知识的大门！

22. 宝贝，你的想法很有创意，你看，如果再这样完善一下，会不会更完美呢？

23. 你真是个善于思考、善于发现问题的孩子，这对你的学习和生活都会有帮助！

24. 你的分析很有道理，这也是你善于思考的结果。

25. 你今天动脑思考的样子，让我看到了一个不一样的你，相信你以后会越来越棒！

26. 你真是个善于思考又富有创造力的孩子，妈妈为你骄傲！

27. 你真是个善于思考的好孩子，妈妈相信你一定能克服学习和生活上的所有困难！

28. 你善于思考，总能想出一些解决问题的好点子！

29. 你能自己动手动脑，把想法变成现实，真的太了不起了！

30. 你这种善于思考、敢于尝试的精神很值得鼓励，继续保持哦！

31. 你善于思考和探索，让妈妈看到了你科学家的潜质。

32. 你有自己的想法，又敢于表达自己的观点，这很难得！

贴心叮咛

家长可以与孩子一起参与探索的过程，激发孩子的思考兴趣和创造力。这样不仅能增进亲子关系，还能很好地保护孩子的好奇心。

鼓励孩子勇于提问，夸孩子课堂上的积极表现

情景案例

不少孩子在课堂上没有听懂，却不敢向老师请教，导致问题越积越多，最终影响到成绩。有些家长面对孩子糟糕的成绩，以及孩子不敢提问的表现，会进行批评和指责，但这种行为不仅无法解决问题，还可能会让孩子更加害怕提问，甚至对学习产生抵触情绪。

案例分析

孩子在课堂上明明有不懂的地方，却不敢向老师提问，主要有以下几点原因：

1 害怕被老师批评或被同学嘲笑

2 性格内向，不善于表达自己的想法和疑问

3 对老师存在敬畏心理，不敢主动与老师交流

提问对于孩子的学习至关重要，只有敢于质疑，善于提问，才能让孩子发挥出学习的潜力，成为知识的探索者，也能让孩子更加自信地面对学习和生活。孩子一旦敢于提问，家长就应当及时给予夸奖，让孩子感受到自己的勇敢被看到和认可。这不仅能增强孩子的自信心和提问的动力，还能让他们明白提问是一种积极的学习方式，从而激发他们的内在勇气。

高情商父母都这样夸孩子

1. 老师说你今天在课堂上提出了一个非常好的问题，真是太棒了！
2. 你懂得不懂就问，这种习惯会让你的成绩越来越好。
3. 不要害怕提问，能提问说明你认真思考了，这是非常值得肯定的。

4. 你在课堂上大胆提问的热情带动了全班同学的学习积极性，老师都向妈妈夸你了呢！
5. 课堂上举手提问是勇敢和自信的表现，也体现了你认真学习的态度，值得大家学习。
6. 你勇敢地提出了问题，说出了大家的困惑，大家也会感谢你呢。
7. 问题再简单，只要没听懂，就及时提出来，你这种积极的学习态度值得表扬！
8. 宝贝，喜欢提问是个好习惯，因为每一次提问都是一次学习的机会，妈妈支持你继续多提问。
9. 善于提问，表明你用心思考了，这是非常可贵的能力。
10. 刚刚老师说你的问题引起了大家的热烈讨论，活跃了课堂气氛，妈妈真为你高兴！
11. 老师说你今天在课堂上勇敢地表达了自己的不同见解，妈妈很为你骄傲！
12. 学习就是解惑的过程，有不懂的就问，老师都希望学生能多提问！
13. 你今天在课堂上主动提问的表现，老师刚刚还特意夸奖了呢！
14. 你能够在全班同学面前勇敢提问，这份自信和好学的精神很棒。
15. 积极提问，与老师和同学互动，才能学到更多知识，你做到了！
16. 听到你说今天敢举手向老师提问了，妈妈真为你感到高兴！
17. 面对不懂的问题，你没有退缩，而是积极提问，这种习惯非常好。

18. 有问题你能及时提出来，这种积极的学习态度会让你进步更快！
19. 你克服了不敢提问的心理障碍，妈妈很欣慰！
20. 你提出的问题很有价值，看得出你认真思考了，宝贝！
21. 你能够大胆地说出自己的疑惑，这是非常勇敢的表现！
22. 你能主动向同学请教问题，这种行为非常值得鼓励。
23. 宝贝，你每次都能大胆地提出自己的想法和疑问，这对你的成绩提升会有很大的帮助。
24. 妈妈支持你不懂就问，老师也很乐意同学们提出疑问。
25. 你这种勇敢提问的学习习惯，非常值得赞扬！
26. 你能勇敢地提出自己的困惑，并积极寻求答案，很了不起！
27. 你在课堂上勇敢提问的表现非常值得鼓励！
28. 宝贝，你能够克服心中的恐惧，勇敢地向老师提问，真的很棒！
29. 课堂上积极提问会让你掌握更多的知识，你做得很棒！
30. 你敢于提问，这点非常值得赞扬哦！
31. 听老师说，你在课堂上非常活跃，很喜欢提问，这种学习态度很好。
32. 敢于提问的学习习惯会帮你打开知识的大门，相信你会越来越优秀的。

贴心叮咛

为了引导孩子勇于提问，家长可以和孩子一起模拟课堂提问的场景，让孩子逐渐适应提问的氛围，慢慢培养孩子提问的勇气。

鼓励孩子不断向上，夸孩子的每一次进步和努力

情景案例

孩子兴冲冲地跑到你面前，想与你一起分享他进步的喜悦，有些家长若表现得非常平淡或冷漠，或者只是敷衍地回应“还可以”“继续努力”，孩子内心难免会充满失落和沮丧，感到自己的努力没有被看到和认可，从而失去继续努力的动力。

案例分析

对于孩子进步的鼓励和表扬，还要讲究方式方法，家长不妨试试以下几种方法：

给孩子不间断的小奖励

给孩子点赞或拥抱；给孩子一颗他喜欢的糖果；奖励他看半小时动画片等

偶尔给孩子一个大惊喜

周末带孩子郊游；给孩子一次做自己最喜欢做的事情的机会等

进步再微小也要鼓励

早睡5分钟；早起5分钟；名次进步一名；吃了平时不爱吃的蔬菜等，都值得鼓励

孩子进步，哪怕仅是很小的一次进步，家长都要及时给予鼓励和表扬，让他们感受到自己的价值和能力，增强自信心，提升学习动力。

高情商父母都这样夸孩子

1. 你这次的进步真是太让我意外了，每一分的提高都是你努力的证明。
2. 你的语文成绩提高这么多，看得出来你下了很大功夫。
3. 你一直不擅长的知识点，现在也能运用自如了，真棒！
4. 通过努力，你克服了考试怯场的心理，妈妈为你感到骄傲。
5. 你的努力和进步，大家都看在眼里，继续加油，你会更优秀的！
6. 宝贝，你的坚持和努力为你换来了学习上的进步，妈妈为你高兴。
7. 你的努力让你的数学成绩突飞猛进，妈妈真为你开心！
8. 你在学习上的努力让妈妈看到了你学习的韧性，你的学习不会差的，宝贝。
9. 你的每一次进步都是你努力的结果，妈妈为你骄傲。
10. 通过今天的作业，妈妈看到你对知识点的掌握越来越扎

实了，你的努力没有白费，宝贝。

11. 妈妈看到了你对待学习不断积极进取的精神，它会让你不断进步的。

12. 你现在的学习状态越来越好了，进步也越来越大，妈妈真为你高兴！

13. 宝贝你看，通过努力，你的进步非常明显，继续努力吧，你会取得更大的进步。

14. 你的每一次进步都是你用心对待学习得来的，继续坚实地向前走吧！

15. 宝贝，你这次的进步真是让妈妈佩服，相信自己，你会更优秀的。

16. 宝贝，你对待学习更加自信和独立了，这点非常难得。

17. 每次看到你进步，妈妈都无比开心，宝贝，继续为梦想努力吧！

18. 你能够把获取知识当成乐趣，真的很难得。

19. 宝贝，你的进步证明了你的努力没有白费，继续加油，妈妈相信你很快就能达到你的目标。

20. 宝贝，你的进步是你辛苦付出获得的，好好珍惜这份成果，继续努力吧！

21. 这次考试进步真大，这与你认真审题、仔细检查有很大关系！

22. 看到你在语文上的进步，妈妈真高兴！

23. 你这次的错题比上次少了很多，你用心了，宝贝！

24. 你遇到难题没有放弃，依然继续坚持思考，不断更新思路，最终得出了正确答案，为你点赞！

25. 宝贝，你这次又进步了，妈妈真为你感到高兴！

26. 你今天的努力决定了你明天的成就，继续加油吧，宝贝！

27. 你这次的试卷不仅卷面清晰、字迹工整，还准确，你的进步真让妈妈开心！
28. 老师反馈，你课堂上的表现越来越出色了，回答问题也越来越积极，这都是你刻苦努力的结果啊，继续加油，宝贝！
29. 宝贝，妈妈发现你最近进步非常快，快跟妈妈说说你的方法。
30. 看到你的努力有了回报，妈妈也为你感到高兴！
31. 你这次的成绩不仅证明了你的努力没有白费，还体现了你坚定的学习态度，妈妈很欣慰！
32. 你学习上的每一次进步都在照亮你的未来。

贴心叮咛

家长注意不要“打压式”鼓励孩子，比如孩子高兴地告诉你一道题终于做出来时，你只是淡淡地回一句：“这道题本来就不难，你应该早点儿做出来。”这样可能会让孩子对学习和生活产生挫败感。

第二章

夸出自律好行为

避免过多摄入零食，夸孩子的健康饮食习惯

情景案例

很少有孩子不爱吃零食，零食鲜艳的颜色、可爱的形状以及独特的口感，很容易激发孩子的兴趣和食欲。但是，孩子们如果吃太多零食，到了正餐时就没什么胃口了，吃饭常常挑三拣四，只吃自己爱吃的，不愿尝试新东西，这对孩子的生长发育以及身体健康往往会产生不利影响。为此，家长常感到忧心。

案例分析

面对孩子喜欢吃零食，而不喜欢吃正餐的习惯，家长若一味禁止，可能并不能杜绝孩子吃零食；而如果纵容，则对孩子的健康不好。明智的做法是，家长积极地引导孩子，帮助他们建立健康的饮食习惯。可以从以下两个方面入手：

尝试寻找健康的零食替代品

用一些健康的零食替代，比如用水果干替代薯片；用酸奶替代碳酸饮料等

和孩子一起制订合理的零食计划

规定每周允许孩子吃几次零食，每次吃多少，并将零食的食用时间安排在两次正餐之间

针对零食，家长要做的是帮助孩子建立健康的饮食观念，让孩子在享受美味的同时，也能健康快乐地成长。当孩子能自觉选择健康饮食或能够控制零食摄入量时，家长应及时给予夸奖和鼓励，慢慢地引导孩子健康饮食。

高情商父母都这样夸孩子

1. 你今天晚饭吃得真好，一口饭一口菜，把妈妈的食欲都带起来了！
2. 看你吃了两碗饭，妈妈做饭的劲头都被你调动起来了。
3. 你能够抵挡住零食的诱惑，坚持吃妈妈做的饭菜，妈妈真高兴！
4. 碗里的蔬菜小山很快就被你消灭掉了哦，真是不挑食的好孩子！
5. 你能抵挡住零食的诱惑，专注吃饭，真的好棒！
6. 妈妈发现，你很喜欢吃我做的饭菜，谢谢宝贝！

7. 你今天放学后没有吃零食，要吃妈妈做的饭，这让妈妈很欣慰！
8. 你吃饭时坐姿端正，真是个对自己要求很高的孩子。
9. 你能抵挡住零食的诱惑，和我们一起吃饭，还吃得那么好，妈妈好开心！
10. 你今天把碗里的蔬菜都吃光了，身体更健康了哦！
11. 鱼肉里有提升智慧的 DHA，妈妈看到你喜欢吃鱼很开心哦！
12. 你和妈妈一起选的蔬菜都好新鲜哦，做好后我们要一起吃哦！
13. 白开水比含糖量高的饮料对身体健康更有益，妈妈很高兴看到你喜欢喝白开水哦。
14. 你吃饭细嚼慢咽的习惯真好，这样更利于消化吸收。
15. 今天外出游玩时，你没有吵着要吃零食，真是越来越懂事了！
16. 今天去公园，你没有吵着吃路边摊的食物，真是个懂事的好孩子！
17. 你今天放学后没有吵着去买零食，宝贝长大了！
18. 你愿意尝试不同的食物，这很好，对你的健康很有帮助！
19. 你的自律能力真强，不多吃零食，为你点赞！
20. 你今天吃了不少蔬菜，这对你的健康很有好处哦！
21. 你最近乖乖吃饭，感觉壮实了不少呢！
22. 妈妈好喜欢你不挑食的样子哦。
23. 你荤素都能吃，这样的饮食搭配很健康，妈妈感觉很欣慰。
24. 你今天好好吃饭的表现让妈妈太开心了！

25. 你每天吃水果的习惯非常好，这样可以补充身体所需的维生素哦。
26. 你现在的饮食越来越健康了，真棒，妈妈为你的成长感到高兴。
27. 自从你不吃零食，改吃妈妈做的饭菜后，脸色都变得红润有光了。
28. 你今天尝试了胡萝卜和西蓝花，而且没有觉得它们难吃。只要你愿意尝试，就可以吃到更多美味的食物。
29. 你今天还主动提醒爸爸妈妈多吃蔬菜，真是越来越懂健康饮食了。
30. 你今天吃饭的时候没有掉饭粒，餐桌保持得很整洁，非常棒。
31. 你今天认真吃饭的样子真的特别美。
32. 刚刚在超市里，你没有缠着妈妈买零食，真的好棒！

贴心叮咛

需要注意的是，零食并非洪水猛兽，合理摄入健康的零食，不仅不会影响孩子的身体健康和生长发育，还能满足孩子对能量的需求。

早起不赖床，
夸孩子动作麻利，自制力强

情景案例

每天早上的起床时间，可能会成为不少家长和孩子间博弈的时刻。家长叫了好多遍，闹钟也响了好多遍，但孩子就是起不来，即使勉强起床，也常常无精打采，无法迅速进入新一天的生活，甚至因为赖床导致上学迟到等。面对孩子赖床的习惯，有些家长可能会大发雷霆，将孩子从被窝里强行拉起来；有些家长则一再妥协，甚至帮孩子穿衣服……

案例分析

孩子赖床的原因大致有以下几种：

1. 惯性赖床，起床磨蹭
2. 熬夜，睡眠不足
3. 对一天的学习、生活缺乏期待
4. 天气冷等环境因素

家长可以采取一些积极的方法引导孩子养成良好的作息习惯：可以和孩子一起制订作息时间表，明确每天的起床时间和睡觉时间，养成早睡早起的习惯；营造温馨的睡眠环境，保持房间温度、湿度、光线适宜；打造起床氛围，用轻柔的音乐或故事作为闹钟铃声，让孩子在愉悦的氛围中醒来。当孩子按时起床时，家长要及时给予夸奖和鼓励，让孩子感受到早起的快乐和成就感，进而愿意每天早起，不赖床。

高情商父母都这样夸孩子

1. 我一叫你，你就起床，真是麻利！
2. 你起床时非常干脆利落，妈妈都很佩服啊！
3. 你能按时起床，都不用妈妈催，真厉害！
4. 虽然天气很冷，但你依旧能按时起床，妈妈为你点赞！
5. 你今天起床特别迅速，像个小战士一样呢。
6. 每天看你精神饱满地准时起床，妈妈都觉得很踏实。
7. 你今天起床很利落，留出了充足的时间吃早饭，这种不被催的感觉是不是很好？
8. 你今天起床的速度都赶上士兵了，真厉害！

10. 你不仅能准时起床，还为一天的生活做了规划，真棒！
11. 宝贝，你不用妈妈喊，自己就能按时起床，真是个自制力强的好孩子！
12. 宝贝，你每天都能按时起床，让妈妈很省心，妈妈有你这样的女儿真幸福。
13. 你每天都能准点起床，这是自制力强的表现！
14. 你每天都能按时睡觉、起床，这种规律的作息非常难得。
15. 就冲你这准时起床的习惯，妈妈相信没有什么事情能难倒你。
16. 你能自己设定闹钟，准时起床，真是越来越棒了！
17. 你能克服赖床的习惯，自己准时起床，真的很了不起！
18. 你不仅准时起床了，还整理了床铺，太值得表扬了！
19. 你早上起来总能记得开窗通风，这个习惯非常好！
20. 你起床不拖拉，让妈妈很省心，妈妈为你的自律感到骄傲！
21. 宝贝，你最近几天的作息都很规律，妈妈很欣慰，保持下去，你会发现这个习惯的好处的。
22. 早起会让你有更多时间去思考和计划，你最近能够早起，让妈妈很欣慰。
23. 你能坚持早睡早起，说明你作息很规律，自制力很强！
24. 你总能按时起床，从不拖拉，妈妈为有你这样的宝贝感到骄傲！
25. 你能克服赖床的惰性，真的很了不起，妈妈为你自豪！
26. 你每天晚上到点就能洗漱睡觉，这是一种自律的表现，会对你的成长有很大帮助的。
27. 你今天早起做了这么多事，是不是很有成就感呢？
28. 你能战胜赖床的习惯，真的很了不起，妈妈为你点赞！

29. 你看，你今天早早起床，给自己留出了享受美味早餐的时间，也为你开启了元气满满的一天，多好！

30. 你今天不仅早早起床了，还帮我做了家务，我的孩子懂事了！

31. 你今天早起后，精神百倍地运动、吃早饭，这让妈妈感到很开心！

32. 宝贝，你发现了吧，早起能让你有更多时间去探索和发现世界的美好。

贴心叮咛

如果家长有赖床的习惯，孩子自然而然就会效仿。所以，想要改善孩子赖床的习惯，家长要以身作则，不要赖床。

培养整洁有序的孩子，夸孩子会收纳、爱干净

情景案例

孩子经常会乱扔乱放，玩具、书本、衣服、鞋袜……往往丢得到处都是，从不考虑把它们放在合适的地方，找不到的时候又着急。面对这样的场景，很多家长都会忍不住发火，甚至批评孩子懒惰、邋遢。

案例分析

房间凌乱不堪，玩具、衣服随处可见……其实是大多数孩

子都存在的普遍现象，其原因主要有以下几点：

1. 孩子缺乏物品分类和整理意识

2. 专注于玩耍，忽略了周围的环境

3. 没有形成良好的自我约束力

4. 孩子缺乏自理能力

面对孩子乱扔乱放的习惯，家长应耐心引导并帮助孩子逐步建立起良好的整理习惯，而在这个过程中，夸奖便是一种简单有效的方式。

当孩子做出积极的改变，比如将玩具放回原位，或者整理好自己的书桌时，家长要及时给予夸奖，让孩子感受到自己的努力被看到，从而增强他们保持整洁的动力。当孩子逐渐体会到整理带来的好处，比如更容易找到想要的东西，或拥有一个干净舒适的环境时，他们就会更加乐于保持整洁。

高情商父母都这样夸孩子

1. 你把玩具收拾好后，房间都变得宽敞明亮了。
2. 宝贝，你把衣服叠得就像超市里的展示品一样，好整齐，真棒！
3. 每次用过的东西你都能放回原处，真是个爱整洁、有秩序感的好孩子。
4. 你把自己的房间收拾得这么干净整洁，看着就舒服。
5. 你的房间被你收拾得好整洁，妈妈都佩服你呢！
6. 你能帮妈妈整理房间，真是个懂事的孩子！
7. 你今天将玩具做了分类收纳，下次玩的时候能很快找到，真棒！

8. 宝贝，你把小床收拾得这么干净，晚上睡觉都会睡得很香。
9. 宝贝，你知道将换洗的衣服放入脏衣桶中，真是个爱干净的好孩子！
10. 宝贝，你把餐具摆放得这么整齐，我们吃饭都更香了呢。
11. 宝贝，你认真收拾房间的样子，让我看到了你在很用心地做事！
12. 你懂得将玩具分类归纳，真是个懂收纳的好孩子！
13. 你将书架上的书摆放得好整齐，一看就是个懂整理的好孩子。
14. 宝贝，你懂得定期整理玩具箱，还把各种玩具分类收纳，真棒！
15. 宝贝，你勤洗手、勤洗澡的习惯，非常值得称赞！
16. 宝贝，你将房间收拾得这么干净整洁，真是个爱干净的孩子！
17. 养成爱干净、会收纳的好习惯，对你的学习和生活会有很大帮助的。
18. 房间被你整理得这么井井有条，妈妈真为你骄傲！
19. 你把每个物品都放回了它们该在的位置，真棒！
20. 你把桌面清理得这么干净，是不是连做作业的心情都好了呢？
21. 宝贝，你能帮妈妈将房间收拾得这么干净，妈妈省心多了！
22. 宝贝，爱干净、爱收纳的好习惯也会给你带来好心情的！
23. 今天，你的房间保持得非常整洁，是不是很有成就感？
24. 能够保持房间整洁，说明你是一个爱干净的孩子。

25. 宝贝真是长大了，懂得保持自己房间的干净整洁了。

26. 你把房间收拾干净整洁后，是不是写作业的心情都不一样了？

27. 看你把房间收拾得这么整洁，就知道你是个做事有计划、有条理的孩子！

28. 宝贝，现在你已经可以自己将房间收拾得很利落了，妈妈为你点赞！

29. 你是个爱干净、爱整洁的好孩子，这个好习惯也会影响你未来的发展。

30. 宝贝，保持房间整洁是一个特别好的习惯，你做到了，真为你骄傲！

31. 看着你收拾干净的房间，妈妈感觉家里都变得更温馨了呢！

32. 你把所有角落都打扫得一尘不染，真是个爱干净的孩子！

贴心叮咛

培养孩子的良好习惯需要一个过程，家长应多一些耐心和鼓励，逐渐将孩子培养成爱干净、懂整理的小天使！

培养有主见的孩子，夸孩子有想法

情景案例

生活中，孩子遇事常会犹豫不决、缺乏主见，总是习惯依赖他人做决定。有些家长面对这种情况，往往就会出于“好心”，立刻介入，并帮孩子做出选择。这种做法看似是爱和帮助，实际上，会让孩子觉得自己什么都干不好，甚至会让孩子觉得被缚住了手脚，更没了主见。

案例分析

孩子没有主见，长大进入社会后往往会茫然不知所措，不知道自己想做什么、想要什么，不敢做决定，不敢担责任，浑浑噩噩之下，长期面对现实与内心的冲突。而孩子没有主见往往与家长的教育有很大关系，主要表现在以下两个方面：

家长参与孩子生活的一切，为孩子做所有的决定，让孩子失去了对生活的控制感，凡事都依赖家长

家长不相信孩子可以做出正确的选择和决定，甚至在孩子做出了选择和决定后，还会打击、否定孩子

培养有主见的孩子，家长不妨从两方面来引导孩子。首先，让孩子参与到家庭决策的过程中来，并让他表达自己的想法。比如，晚餐吃什么？周末去哪里玩？怎么布置房间……其次，引导孩子学会分析问题。当孩子面临选择时，家长引导他们分析每个选择的利弊，鼓励他们尝试不同的选择，并引导他们从每次选择中总结经验，树立坚定的信心。

在这个过程中，最关键的一环是，当孩子做出决定时，无论结果如何，家长都应以积极的态度给予反馈，表达对孩子的信任和支持，让孩子感受到自主决策的价值和信心。

高情商父母都这样夸孩子

1. 你能够大胆说出你自己的想法，特别棒！
2. 你能坚持自己的原则，拒绝别人不合理的要求，真是个有主见的

孩子！

3. 无论其他人怎么说，你都能坚持自己的选择，这份坚定真的让妈妈佩服！
4. 你的观点很有创意，而且你始终坚持自己的观点，这点非常难得。
5. 宝贝，你能够自信而深入地表达自己的观点，让妈妈看到了你的成长！
6. 就算面对多种不同的意见，你依然能坚持自己的想法，同时能够清晰地给出自己的理由，这点非常棒，宝贝！
7. 宝贝长大了，可以自己做决定了，而且做的决定还非常正确，真棒！
8. 你将出行规划考虑得很周全，真是爸爸妈妈的好帮手，真棒！
9. 宝贝，你刚才做决定时的坚决态度，让妈妈都佩服！
10. 即便顶着巨大的压力，你依然能勇敢地做出决定，这份勇气真难得！
11. 我的宝贝很有自己的想法，真是个有主见的好孩子！
12. 你相信自己的判断，坚持自己的看法，这种有主见的表现让人佩服！
13. 你在做决定时，不仅考虑了自己，还考虑到了爸爸妈妈，真的很棒！
14. 面对艰难选择，你没有逃避，反而通过自己的思考将问题处理得很好，真是个勇敢又有主见的孩子！
15. 你选的这件衣服真好看，给妈妈选的也好看，宝贝真厉害！
16. 宝贝，你不管是对待学习，还是饮食、服饰，都有自己的想法，这点让妈妈很欣慰。
17. 遇到问题，你能够自己想办法解决，真是个有主见的孩子！
18. 你有自己的想法和判断，还能勇敢地表达出来，妈妈真为你骄傲！
19. 你既有自己的想法，又能倾听他人的意见，这是非常宝贵的品质！

20. 你学会了独立思考，并且坚持了自己的判断，有主见！
21. 你的想法对妈妈也很重要，勇敢说出来，宝贝！
22. 谁的想法都不可能完全正确，别害怕犯错，有想法就大胆说出来，只有说出来，才能知道对不对，不是吗？
23. 你能够做出自己的判断，而且见解非常独到，这点非常了不起！
24. 你能坚持自己的立场，不受他人影响，这是一种难能可贵的品质。
25. 能选择自己喜欢的东西，这是有主见的表现，宝贝，妈妈支持你！
26. 就算自己的意见与别人不同，你也敢于表达出来，很有主见！
27. 你能够自己做出决定，并且愿意为此承担后果，你不仅有主见，而且有担当。
28. 你有明确的目标，而且能够为之努力，妈妈看得出你很有主见。
29. 宝贝，你很有想法，也有自己的主见，这对你的学习和生活会有很大帮助的。
30. 面对诸多质疑，你依然能坚持自我，很有主见，宝贝！
31. 你每次做判断时，都能认真地倾听自己内心的声音，这个习惯非常好！
32. 相信自己的判断，这会让你未来的路走得更加坚定和自信，宝贝加油！

贴心叮咛

有一些孩子会主动压抑内心的情感需求，盲从他人的意见，这种表现往往不是没有主见，而是孩子有很深的“不配得感”，不敢有主见。对于这类孩子，家长更应多鼓励。

引导孩子友善真诚，夸孩子善解人意

情景案例

孩子们天真烂漫，但也容易因为玩具归属或游戏规则等问题发生争执，上一秒还嬉笑打闹，下一秒就可能因为意见不合而争吵，这在孩子们的世界里再正常不过了。面对这些情况，家长批评指责孩子、偏袒自己的孩子、要求孩子马上和好……这些处理方式往往都会让情况变得更糟，久而久之，孩子可能会不懂得如何友善真诚地与人相处。

案例分析

在成长过程中，孩子与同学或朋友发生矛盾或争执的情况很常见，每当这时候，其实也是孩子学习与人相处的宝贵机会，家长要引导孩子懂得善解人意、换位思考。当然，这期间，家长要做好以下几点：

1. 保持冷静，不急于评判对错，理解孩子的情绪和想法
2. 耐心倾听，了解事情的经过，让孩子感受到被理解和尊重
3. 对孩子表达的委屈给予关注
4. 引导孩子从对方的角度思考问题，并寻找解决问题的方法

如果孩子能够主动道歉或提出解决方案，家长应及时给予肯定和鼓励。即使孩子一开始不愿意妥协，也要尝试发现他们的闪光点，夸奖他们，并引导他们用更友善的方式表达自己的想法。

高情商父母都这样夸孩子

1. 宝贝，你刚刚顾及了同学的感受，真是个善解人意的好孩子！
2. 宝贝，你懂得站在对方的角度看问题，这点是很多人都难以做到的。
3. 你真诚坦率的样子让你整个人都闪闪发光，妈妈喜欢这样的你！
4. 你和朋友产生矛盾时没有冲动，而是冷静且友善地将矛盾

化解了，你真的很棒，宝贝！

5. 你首先考虑到了与同学的友谊，理智而友善地将矛盾解决了，妈妈为你骄傲！
6. 宝贝，你克制了自己的情绪，维护了与同学的友谊，真的很棒！
7. 你主动寻求方法解决矛盾，没有激化矛盾，真是个善良的好孩子！
8. 你向同学主动道歉，表明你很珍惜同学之间的友谊，妈妈为你感到高兴！
9. 你学会了控制情绪，对矛盾的处理方式得当，妈妈为你感到骄傲！
10. 你今天处理矛盾的方式，让朋友感受到了你的真诚。
11. 你用真诚和友善化解了你和朋友的冲突，妈妈真为你感到开心！
12. 你懂得从对方的角度思考问题，这种换位思考的行为非常难得。
13. 为了维护你们的友谊，你做了真诚的沟通，真棒！
14. 虽然朋友表现出了不理解的情绪，但你始终带着真诚和友善去对他，维护了你们的友谊，做得好，宝贝！
15. 你用真诚和友善轻松化解了矛盾，真棒！
16. 你既善解人意，又真诚待人，会收获更多友谊的！
17. 你理解了朋友的不易，并且不计较朋友对你的冒犯，这种宽容心非常难得。
18. 你和同学间这份纯粹的友谊非常宝贵，这是你们真诚相待的结果！
19. 你拥有一颗善解人意的心，总能理解别人，妈妈真为你骄傲！

20. 宝贝，你总是能够体谅朋友的难处，这份善良和宽容十分难得！
21. 你待人真诚热情，你的同学都会好好和你相处的。
22. 宝贝，你说话做事总是很友善，让人感觉很舒服！
23. 你能主动原谅朋友，并与他握手言和，他会感受到你的真诚的。
24. 和同学之间难免产生摩擦，你能主动与他和好，这点做得非常好！
25. 你善解人意，也总能敏锐地察觉到朋友的情绪，这种能力非常难得！
26. 看到你和其他小朋友能够友好相处，妈妈感到很欣慰！
27. 你真诚对待朋友，也总能发现朋友身上的优点，这点非常难得！
28. 你真诚的态度，就像冬日的暖阳，让身边的每个人都感受到了温暖。
29. 你友善的态度，让每个人都感觉轻松和快乐。
30. 你能够理解和包容朋友的缺点，这份友善很难得！
31. 宝贝，你用真诚和友善向大家证明了你是个值得信赖的朋友。
32. 宝贝，因为你的友善和真诚，你一定可以收获珍贵的友谊！

贴心叮咛

家长多留意孩子生活中友善的行为，不管多小，只要发现，就要及时给予鼓励和夸奖，以培养孩子友善真诚的品质。

克服胆怯，
引导并夸孩子主动问好

情景案例

不少孩子在社交中表现得羞涩退缩，紧张不安，不敢与人对视，说话时声音细小，甚至不愿开口，即使被鼓励也显得犹豫不决，缺乏自信。家长为此难免担忧焦急，于是有些家长便强迫孩子打招呼、责怪孩子没礼貌……但这样很可能会加剧孩子的心理负担，让孩子更加抗拒社交。

案例分析

孩子胆怯，害怕与人交往，不敢开口与人说话，往往不是没礼貌的表现，而是社交恐惧。孩子在社交场合，或者在与人交往的过程中，出现过分的恐惧、紧张和回避行为，此时家长若不加以引导，很可能会产生以下几点不利影响：

1 社交能力受限

难以与他人建立正常的人际关系

2 适应能力受限

难以融入新的环境和群体

3 心理健康受损

短期可能会让孩子产生孤独感、自卑感、挫败感及紧张不安、情绪低落等不良情绪，长期甚至会引发焦虑、抑郁等心理问题

想要帮助孩子克服社交恐惧，养成主动打招呼的习惯，家长首先要保持耐心和理解，切忌将孩子与他人进行比较，更不要给孩子贴上“内向”“胆小”等负面标签。可以尝试用游戏和角色扮演的方式，帮助孩子提前熟悉社交场景，学习基本的社交礼仪，例如如何进行自我介绍、如何礼貌地表达需求等。

高情商父母都这样夸孩子

1. 你见到老师会主动问好，真是个懂礼貌的好孩子！
2. 宝贝，看得出来你今天玩得非常开心，这都是你主动和小朋友打招呼的结果。
3. 你刚刚主动向叔叔问好，叔叔觉得你非常懂事，你看，主动打招呼是不是很简单？
4. 你今天和超市阿姨说谢谢，阿姨夸你有礼貌，妈妈听了真高兴！
5. 虽然你们都不认识，但是你刚刚主动去打招呼，是不是就和他们一起打球了？
6. 你今天真棒！不仅主动和老师打招呼，还帮他拿东西，真

是个乐于助人的好孩子！

7. 同学的妈妈夸你会主动打招呼、懂礼貌，妈妈听了好开心！
8. 看到你和阿姨自信地打招呼，妈妈为你骄傲！
9. 宝贝可真棒，知道主动且礼貌地和老师、同学道别。
10. 你今天主动向警察叔叔问路，并且清晰地将路线记了下来，真的很厉害！
11. 你大声和叔叔打招呼的表现真好，妈妈都为你高兴！
12. 你今天主动和阿姨打招呼，非常棒！如果声音能够再大一点儿，就更完美了。
13. 宝贝，你今天和亲戚主动打招呼的样子很可爱，妈妈爱你！
14. 主动打招呼会让你交到更多朋友，去试试吧，宝贝。
15. 你看，你尝试与人主动打招呼，就获得了与他们一起玩的机会，这种感觉是不是特别棒？
16. 宝贝，你看，你刚刚勇敢地打了招呼，是不是很简单？
17. 你能够主动与人打招呼，妈妈感到非常高兴，你做得很好，继续加油！
18. 你今天通过主动打招呼认识了新的小朋友，妈妈真为你高兴！
19. 你和长辈打招呼的时候，声音清晰，态度真诚，这体现了你的教养。
20. 你在和人打招呼时，声音洪亮，热情洋溢，这是一种非常好的习惯。
21. 宝贝真棒，刚刚大声地和服务员阿姨说了谢谢，妈妈为你骄傲！
22. 你每一次主动开口打招呼，都代表了你的自信和勇敢，妈妈爱你！

23. 看到你能主动要求和其他小朋友一起玩，并且玩得还很好，妈妈感到非常开心！
24. 主动去和你想结识的朋友打招呼吧，你会发现认识新朋友并不难。
25. 宝贝，你今天很勇敢地向阿姨说出了“你好”，真棒！
26. 学会了主动跟人打招呼，你会成为一个受欢迎的人！
27. 上次你还躲在妈妈身后，现在你已经不躲着了，真棒！
28. 你今天主动向楼下的奶奶问好，奶奶一个劲儿地夸你懂事呢。
29. 你今天已经学会了如何与人交流，以后会越来越好的！
30. 宝贝，妈妈知道你在努力尝试与人打招呼，没关系，慢慢来。
31. 你做到了主动与人打招呼，这是一种礼貌，也是尊重他人的表现。
32. 宝贝，妈妈知道你每次主动开口都付出了很大勇气，妈妈相信你会越来越自信的。

贴心叮咛

孩子胆怯、不爱打招呼，家长切不可表现出担忧孩子存在社交恐惧的焦虑情绪，否则会让孩子越来越不敢社交。

鼓励孩子积极举手发言，夸孩子勇气可嘉

情景案例

课堂是孩子们学习和成长的沃土，积极举手发言，不仅能锻炼他们的表达能力和逻辑思维能力，还能培养他们的自信心和勇气。但事实是，很多孩子即使心中有想法，也不敢主动举手发言。很多家长和老师意识到这个问题后，会鼓励孩子“勇敢一点儿”，甚至用“别人家的孩子”来激发孩子的表达欲。然而，批评和比较不仅无法解决问题，还可能进一步打击孩子的积极性，让他们更加不敢表达自己的想法。

案例分析

孩子不敢举手发言，大多是因为害怕自己说错，害怕被嘲笑，害怕成为众目睽睽下的焦点。这种恐惧心理导致孩子错失很多展示自我的机会，甚至影响他们未来的学习和生活。那么，该如何鼓励孩子勇敢举手发表自己的意见呢？家长不妨从以下两方面来引导孩子：

鼓励孩子不怕犯错

让孩子明白，犯错很正常，说错也不可怕，重要的是敢于表达自己的想法

引导孩子发言前做好充分准备

认真思考，理清思路，这样在举手发言时便能更加自信、从容

在培养孩子积极举手发言的过程中，家长要积极营造一个鼓励孩子大胆发言的氛围，不急不躁。当孩子发表自己的想法时，不管孩子说的是否有道理，给出的答案是否正确，都要及时给予孩子恰当的肯定和鼓励，让他们感受到被认可，久而久之，孩子就能很自然地举手发言了。

高情商父母都这样夸孩子

1. 老师表扬了你今天在课堂上的表现，她说你积极勇敢地举手发言，真棒！
2. 宝贝，这次你的成绩又进步了，这和你在课堂上的积极表现有很大关系哦。
3. 你在课堂上积极举手发言，不仅锻炼了你的表达能力，也让你学到了更多知识，妈妈为你点赞！
4. 你今天的表现既勇敢又自信，妈妈相信未来你一定能够取得更大的进步！

5. 你演讲时声音洪亮，表达清晰，妈妈为你骄傲！
6. 你今天突破自我，勇于挑战自己，最终出色地完成了演讲，实在了不起！
7. 虽然你回答得不准确，但你积极举手回答问题的表现值得鼓励。
8. 你勇敢地说出了自己的想法，这种勇气值得赞扬。
9. 不管别人有什么看法，你都要勇于表达自己，妈妈永远支持你！
10. 经过今天主动上台发言这件事，妈妈相信你以后会更自信勇敢，你真的很棒！
11. 即使面对全校那么多师生，你依然能落落大方地在台上表达自己的观点，这种勇气和镇定真的了不起！
12. 你今天在演讲时表现得落落大方，一点儿也不怯场，真是个勇敢的孩子！
13. 你这种积极举手提问的学习态度非常好，妈妈支持你！
14. 宝贝，经过今天勇敢发言这件事，妈妈相信你未来一定能在更大的舞台上展现自我！
15. 宝贝，这次你抓住了展示自我的机会，妈妈相信你的未来一定会更加精彩！
16. 你每一次的勇敢发言，妈妈都看在眼里，妈妈为你骄傲！
17. 你今天已经勇敢地迈出了第一步，以后你的表现会更加精彩！
18. 宝贝，今天你演讲的样子真帅，勇气可嘉，值得鼓励！
19. 你能勇敢举手，大声说出你的见解，真的好棒！
20. 你能够克服内心的恐惧，勇敢地站起来发言，已经非常厉害了。

21. 你的每一次勇敢发言都是一次成长和蜕变，妈妈相信你会越来越好！
22. 积极举手发言是自信和勇敢的表现，继续保持，宝贝！
23. 你在台上演讲时的状态非常沉稳，就像成熟的演说家一样。
24. 宝贝，你的台风真稳，妈妈都被你的自信和勇气折服了！
25. 你真勇敢，大胆地说出了自己的看法，妈妈为你感到骄傲！
26. 每一次尝试都是一次进步，妈妈相信你会越来越勇敢的！
27. 你积极发言的样子就像一朵向日葵，充满了阳光和自信，真棒！
28. 宝贝，你今天好勇敢，虽然是第一次演讲，但显得非常成熟、大方。
29. 保持这种勇气，坚持下去，你会发现自己比想象中还要优秀。
30. 宝贝，你今天积极发言的表现真的太棒了，妈妈为你点赞！
31. 你克服了胆怯，能够勇敢地站在台前，妈妈真为你高兴！
32. 你积极发言的样子真美，妈妈为你感到骄傲！

贴心叮咛

家长可以引导孩子提前预习，让孩子对课堂内容有所准备，并鼓励他们从简单的发言开始，逐步建立勇敢举手发言的自信。

引导孩子遵守规则，夸孩子文明守纪

情景案例

在公共场合，孩子可能会出现随手乱扔垃圾、乱涂乱画、插队抢先等不当行为。如果家长在陌生人面前严厉指责孩子的不文明行为，他们可能会觉得自己在众人面前丢了面子，自尊心受到严重打击。这种情况下，孩子不仅不愿意改正不文明行为，还可能对家长的教育产生反感，甚至在以后的生活中更加叛逆，故意做出不文明的举动来对抗家长的批评。

案例分析

面对孩子在公共场合的不当行为，公开批评并不是最佳选择，孩子的自尊心非常脆弱，需要温柔对待。为了引导孩子在公共场合遵守规则，家长不妨做好以下几点：

1. 在进入公共场合前，和孩子约定好行为规范
2. 当孩子出现不当行为时，避免当众训斥
3. 事后，耐心与孩子沟通，帮助他们理解自己的错误
4. 利用绘本、动画片等形式，将文明礼仪融入孩子的日常生活中

在孩子修正了自己的错误行为，遵守了公共场合的秩序和规则时，家长要及时给予夸奖和鼓励，肯定孩子的正确行为，将孩子培养成文明守纪的小天使。

高情商父母都这样夸孩子

1. 你很喜欢公园里的花，却没有采摘，真是个爱护公共环境的好孩子！
2. 你和小朋友玩游戏时懂得遵守游戏规则，这点非常值得称赞！
3. 在公交车上，你主动给老奶奶让了座，真是个尊敬老人的好孩子！
4. 你知道要排队，不乱插队，真是个遵守规则的好孩子！
5. 在红绿灯前，你能耐心等待绿灯亮起再过马路，妈妈为你点赞！

6. 你在学校里认真听老师讲解课堂纪律，真是个懂规矩的好学生！
7. 乘坐电梯时，你只按了到家的楼层，没有乱按其他楼层，真是个有素质的孩子！
8. 在游乐场玩耍时，你能轮流使用设施，不争不抢，真棒！
9. 你遵守饭前便后洗手的好习惯，做得真棒！我和爸爸也要向你学习呢！
10. 你知道进电梯时要等别人先出来再进去，做得真好！
11. 逛公园时，你能将地上的垃圾捡起来扔进垃圾桶，真是个爱护环境的好孩子！
12. 你能耐心等待，不打断别人，做得太好了！
13. 你在比赛中输了也不生气，愿意遵守比赛规则，真是个有风度的孩子！
14. 你能在老师说话时认真听讲，不随意打扰，真棒！
15. 你在课堂上遵守纪律，不随意讲话，老师一定很喜欢你！
16. 你在图书馆借书后能按时归还，遵守规定，做得很好！
17. 你知道放学后不能随意跑出校门，而是等爸爸妈妈来接你，真懂事！
18. 你用餐时能安静进食，不弄脏桌面，养成了好习惯！
19. 你能遵守爸爸妈妈定下的时间表，不拖延，表现太棒了！
20. 在公园里，你没有攀爬树枝去摘果实，做得很好！
21. 你在体育课上能认真听老师的安排，不随意离开队伍，很棒！
22. 你上楼梯时靠右行走，不推挤别人，安全意识很强！
23. 刚刚参观博物馆时，你只观赏展品，没有乱动乱摸，很有素养！

24. 你在动物园看到“小动物请勿投食”的标志后，能自觉遵守规定，很棒！

25. 你在排队买东西时不会着急乱跑，而是耐心等候，妈妈真为你高兴！

26. 你能按时完成任务，不让大家等你，真是个守时的孩子！

27. 你能遵守家里的规则，吃饭时不玩手机，太棒了！

28. 你骑车时能遵守交通规则，不闯红灯，安全意识很高！

29. 你在考试中不偷看别人的答案，诚实守信，真是个好孩子！

30. 你愿意尊重别人的意见，即使和你不一样，也愿意倾听，太棒了！

31. 你能按照学校的规定穿校服，整理仪容仪表，看起来特别精神！

32. 你懂得爱护公共设施，真是个有公德心的好孩子！

贴心叮咛

在进入公共场合前，家长可以先告诉孩子要轻声说话、不乱扔垃圾、有序排队等。若孩子出现了不当行为，家长可以采用眼神示意、轻声提醒等方式纠正。

引导孩子维护公共秩序，夸孩子公共场合不大声喧哗

情景案例

带孩子外出时，他们可能会在公共场合毫不顾忌地大声喊叫，表达自己的兴奋或不满。这时候家长如果严厉批评、大声喝止，或者置之不理等，都不利于孩子良好行为习惯的养成。

案例分析

孩子们天生充满活力，在公共场合兴奋起来，难免会大声说话、奔跑嬉戏，这是他们表达情感和想法的方式。如果家长

只是简单地制止，而不给予正确的引导，孩子很难真正理解为什么要保持安静。家长不妨从以下两方面来做，引导孩子维护公共秩序：

以身作则	约束自身言行，不大声喧哗，不随意打断他人，为孩子树立良好的榜样
耐心给孩子解释	让孩子明白为什么要在公共场合保持安静，为什么要维护公共秩序

在孩子安静下来不再打扰他人时，家长别忘了及时给予夸奖和鼓励，让他们觉得自己的行为得到了认可，他们会更有动力去维护公共秩序，做一个有礼守序、高素质的人。

高情商父母都这样夸孩子

1. 今天你没有大声喧闹，维护了电影院的秩序，妈妈为你点赞！
2. 你能安安静静地看电影，不打扰别人，真是个有素质的小观众！
3. 你在动物园参观时不会大声惊吓动物，而是文明参观，真有爱心！
4. 你能在医院诊室门口等待时保持安静，不影响医生和其他病人，很有公德心哦！
5. 你能在音乐会上认真聆听，不制造噪声，真是个有礼貌的孩子！
6. 在公共场合，你能保持安静，遵守公共秩序，妈妈真高兴！

7. 你在候车室做得很好，在意识到打扰了他人后，马上停了下来，非常棒！
8. 在公共场合，你能控制住你的“小喇叭”，妈妈为你点赞！
9. 刚才在医院，虽然你很难受，但你能顾及其他病人，没有叫嚷，你做得很好，妈妈爱你！
10. 你在图书馆中表现得很棒，不跑不嚷，遵守馆内秩序，能安静看书，做得非常好！
11. 宝贝，你现在已经能够理解“安静”的意义了，做得很好！
12. 你知道要遵守公共秩序，真是个好孩子！
13. 我的宝贝很棒，无论走到哪里，都能遵守公共秩序。
14. 宝贝，刚刚吃饭时，你没有大声吵闹，做得非常好！
15. 宝贝，你刚才在电影院里没有大声喧哗，做得真棒！
16. 在该安静的场所，你表现得就像个安静的小绅士，真棒！
17. 在博物馆中，你能安静地欣赏，而不随意触摸，做得非常好！
18. 宝贝，你知道要照顾他人的感受，不大声喧哗，真的很棒！
19. 宝贝，你在公共场所能控制好自己的行为了，真是越来越棒了！
20. 在公共场所，你能做到轻声细语地说话，做得很好！
21. 公共场所不喧哗，你做到了，妈妈为你点赞！
22. 宝贝，你知道在公共场所保持安静，真棒！
23. 你能在公共场所保持安静，妈妈更愿意带你出来玩了。
24. 你知道在公共场所保持安静，真是个让妈妈省心的好孩子！
25. 你在公共场所不吵不闹，真是个有素质的好孩子！

26. 你能遵守公共秩序，这点非常可贵！
27. 在图书馆中，你安静看书的样子也感染了旁边吵闹的小朋友呢，他们后来也认真看书了，你真棒！
28. 你懂得在公共场合尊重他人，不大声吵闹，真是个有教养的好孩子！
29. 你知道在公共场合要保持安静，真是个懂得替别人着想的好孩子！
30. 在公共场合中，看到你这么落落大方，行为得体，妈妈真为你骄傲！
31. 你的行为举止体现了良好的家教，爸爸妈妈为你感到骄傲！
32. 你真是个遵守公共秩序的孩子，妈妈很欣慰！

贴心叮咛

培养孩子的公共秩序意识是一个长期的过程，家长不能急于求成，要给予孩子足够的耐心和关爱，鼓励他们在日常生活中，一点点去实践、去进步。

第三章 夸出自信好心态

让孩子热爱生活，夸孩子生活积极热情

情景案例

生活中，不少孩子经常将“无聊”“没意思”挂在嘴边，他们总是对生活中的事情不满意，好像对什么都提不起兴趣，整天唉声叹气。有些家长可能觉得这是孩子的小情绪，长大点就好了，所以不太重视。但有些家长，一看到孩子抱怨，就急着满足他们所有的要求，这样反而让孩子觉得抱怨能解决问题，以后更容易消极抱怨了。

案例分析

孩子缺乏对生活的热情，总是消极抱怨、情绪低落，感受不到生活的乐趣，可能是以下原因导致的：

- 繁重的学业压力
- 父母过高的期望
- 亲子间缺乏有效沟通
- 同伴关系紧张
- 孩子自身性格

想要帮助孩子重拾对生活的热情，家长需要掌握正确的引导方法，试着理解孩子的情绪，走进他们的内心世界。

当孩子抱怨时，先别急着否定或说教，尝试用同理心倾听他们，让孩子感受到被理解和支持。可以问问孩子："宝贝，你看起来很不开心，可以和妈妈说说吗？是什么事让你觉得不开心呢？"当孩子遇到困难或挫折时，可以引导他们分析问题产生的原因，鼓励他们积极思考解决方法。

当孩子提出一个解决问题的想法时，即使这个想法不成熟，家长也要先肯定孩子的努力，再帮助孩子一起完善想法，让孩子找到价值感和认同感。

高情商父母都这样夸孩子

1. 宝贝，你对生活充满了热情，妈妈相信你会一直幸福的。
2. 你每天都在成长和进步，这正是你对生活充满热爱的最好证明。

3. 就算有时候会遇到挫折，但是你依然能从中找到乐趣，这点实在难得！
4. 你每天都那么认真地规划一天的生活，妈妈真欣慰！
5. 积极和乐观是你成长道路上最宝贵的财富，继续保持吧！
6. 宝贝，你如此热爱生活，妈妈感到无比欣慰！
7. 看你笑得这么开心，妈妈也感到好开心！
8. 宝贝，你那么热爱这些花花草草，让妈妈看到了你对生活的热爱。
9. 每次看到你积极热情地对待生活，妈妈就感到很欣慰！
10. 遇到了麻烦，你能很快调整心态面对，真令人佩服！
11. 你对新事物的好奇和探索，让妈妈看到了你对生活的热爱。
12. 你总能以积极的态度面对新的一天，这种对生活的热爱真的了不起！
13. 看着你对生活的积极态度，妈妈内心也充满了能量。
14. 你每天放学后都那么精心地照顾小花，看得出你对生活的用心。
15. 你总是喜欢照顾路边的小动物，看得出你不但热爱生活，还拥有一颗柔软且温暖的心。
16. 宝贝，你面对困难时迎难而上的态度，让妈妈看到了你对生活的信心！
17. 看着你为生活的小惊喜欢呼雀跃的样子，妈妈好像看到了一位小天使。
18. 你热爱生活的态度，让爸爸妈妈也深受感动。
19. 你总是能通过热爱生活的双眼发现生活中的乐趣，妈妈真为你开心！
20. 你的笑声让妈妈的整个世界都亮了，妈妈爱你，宝贝！
21. 看着你每天活力满满的样子，妈妈觉得生活轻松了很多！

22. 宝贝，你拥有一双善于发现生活中小美好的眼睛，真是难得！

23. 你热爱自然、喜欢小动物的表现，让妈妈看到了你对生活的热情。

24. 看着你每天都过得如此充实且快乐，妈妈感到无比欣慰！

25. 你懂得珍惜生活中的点点滴滴，这种热爱生活的品质非常宝贵！

26. 你总能发现生活中的美好，还愿意与妈妈分享，这种对生活的热爱非常难得！

27. 你乐观自信、积极向上的生活态度，让妈妈看到了你对生活的热爱。

28. 你懂得感恩，珍惜生活中拥有的，你这种对生活的热爱让妈妈感到非常欣慰！

29. 宝贝，你对生活的热情给我们的生活带来了无限快乐，妈妈要感谢你！

30. 你面对生活时展现出的自信和阳光，会成为你成长路上最宝贵的品质！

31. 宝贝，你积极向上、乐观开朗的笑容，就像阳光一样，照亮了我们的生活。

32. 宝贝，你这种积极生活的态度，也感染了爸爸妈妈。

贴心叮咛

家长要积极发现孩子的兴趣和特长，鼓励孩子在兴趣和特长上多下功夫，帮助孩子在擅长的领域获得成就感，从而提升孩子对生活的信心和热情。

避免消极悲观，夸孩子阳光开朗，正能量满满

情景案例

在面对困难或不如意的事情时，有些孩子显得很消极。比如，一次考试失利后，就觉得自己永远学不好；和小伙伴产生矛盾后，会认为自己不会处理人际关系；一次失败后，就再也不敢尝试……面对这种情况，有些家长可能会附和孩子，让孩子更消极；有些家长可能觉得孩子过于脆弱，会指责孩子。这不仅不能帮助孩子解决问题，反而会伤害孩子的自尊心，让孩子更加消极。

案例分析

有时候孩子会显得很消极，这可能是以下原因造成的：

孩子性格原因

孩子不自信，认为什么都做不好

家庭原因

家长的教育方式消极，家庭氛围压抑

教育方式的原因

没让孩子经历过挫折教育，孩子不懂得失败和挫折是成长的一部分

家长要重视孩子的情绪问题，理解并接受他们的感受，积极地帮他们解决问题，培养他们积极的人生观。

首先，让孩子认识到挫折和失败是两回事，只要用乐观的态度去面对，就能战胜困难。

其次，通过真心夸奖和鼓励，帮孩子建立自信，让孩子不低估自己，让他们相信自己有能力战胜挫折和困难。

最后，努力营造充满爱与支持、温暖和谐的家庭环境，让孩子健康成长。

高情商父母都这样夸孩子

1. 面对困难，你依然能保持乐观的心态，这点非常难得。
2. 就算遇到挫折，你依然能够迅速调整心态，勇敢面对，这点值得鼓励。
3. 你总能用积极的心态面对一切，这种乐观向上的精神值得所有人学习！
4. 即便遇到挫折，你也能保持阳光开朗的心态，这点非常难得。

5. 宝贝，你的笑容就像和暖的春风，让生活充满了希望和生机。
6. 宝贝，你总是如此阳光开朗，有你的地方，总是欢笑不断。
7. 你不管遇到什么困难都能笑着面对，这种积极乐观的态度很可取。
8. 遭遇失败后，你依然能够平静地面对，真的很了不起。
9. 你的勇敢自信让所有困难都不再是问题，妈妈为你骄傲。
10. 面对挫折时，你灿烂的笑容就像一道光，让挫折瞬间黯然失色。
11. 你就像个小太阳，用乐观和自信感染着我们每个人！
12. 宝贝，你的欢笑声就是最动人的音符，让全家人都充满了动力。
13. 你就像那朵盛开的向日葵，永远朝着阳光生长，充满了希望和活力。
14. 你的热情和活力让妈妈的心情都变好了。
15. 你总是那么阳光开朗，就像一只翩翩起舞的小蝴蝶，将欢乐带到每一个角落。
16. 看到你不惧艰难、满满正能量的样子，妈妈觉得很安心。
17. 你的积极向上就像一束光，照亮了你前行的道路。
18. 你总是活力四射，用热情和满满正能量感染着周围的每一个人。
19. 你的自信和乐观会帮你达成目标的。
20. 你总是带着满满的信心追逐梦想，妈妈相信你一定能实现梦想！
21. 你积极乐观的笑容就像冬日里的暖阳，温暖着爸爸妈妈的心。
22. 你就像炙热的太阳，温暖并照亮了我们的家庭。
23. 宝贝，阳光开朗是你最大的盾牌，让你不惧一切困难。

24. 宝贝，你的开朗乐观让我相信你能面对一切挫折。

25. 宝贝，面对困难时，你依然表现得自信、乐观，妈妈为你点赞！

26. 宝贝，你阳光开朗的性格让妈妈相信你能勇敢地面对成长道路上的风雨。

27. 宝贝，你拥有积极向上的学习态度，真是难得。

28. 你乐观开朗的性格太招人喜欢了，妈妈希望你永远都开心。

29. 不管遇到什么困难，你都能积极面对，这种乐观的性格让妈妈钦佩！

30. 你总是能够自信满满地迎接挑战，哪怕失败了也不害怕，这种积极向上的正能量也感染着爸爸妈妈。

31. 你遇事从不消极悲观，总是能笑着面对，并努力寻求解决的办法，这种精神真的很难得。

32. 你总是充满着无限的生机和活力，感染着家里的每一个人。

贴心叮咛

家长平时要多花时间陪陪孩子，可以和他们一起读书、玩游戏、进行户外运动等，让他们感受到父母浓浓的爱。

让孩子不自卑，夸孩子自信阳光

情景案例

在成长过程中，孩子们不可避免地会遭遇各种挑战，难免会滋生不自信的情绪。如体育竞技中，孩子可能因为害怕失败而畏缩不前；课堂上，即使知道答案也不敢举手回答问题，害怕出错被嘲笑；舞台上展示才艺时战战兢兢，缺乏应有的自信……这些都是孩子自卑的表现。

如果家长对孩子的不自信表现感到失望，对他们进行严厉批评，否定、质疑他们，会加剧孩子的不自信，对孩子的身心健康产生极为不利的影响。

案例分析

在成长过程中，孩子要不断挑战各种可能，以锻炼各种能力。在此过程中，家长可以通过以下几个方面，来不断强大孩子的内心，帮助孩子建立自信心：

· **倾听和尊重**
让孩子觉得自己的观点被重视

· **鼓励孩子接受失败和挑战**
让孩子将失败作为成长的机会，并从中吸取经验教训

· **肯定和赞扬**
关注孩子的努力和成就，通过正面反馈提升孩子的自信心

· **帮孩子设定可行的目标**
让孩子在逐步实现目标的过程中获得成功经验，并培养自信心

· **鼓励孩子尝试新事物**
鼓励孩子积极探索新领域，培养兴趣和个人才能

· **培养孩子解决问题的能力**
鼓励孩子寻找多种解决方案，培养他们的自信心

在帮助孩子建立自信心的过程中，家长真诚的夸奖发挥着巨大的作用，它不仅能让孩子深切地感受到自己的付出是有价值的，更能极大地增强他们的自信心，激发他们面对挑战和困难的积极性。

高情商父母都这样夸孩子

1. 你的见解与众不同，看问题的角度也很独特，真了不起！
2. 你第一个站起来讲，自信心满满啊，真棒！
3. 失误后，你依然能稳定发挥，这种自信和抗挫能力令妈妈佩服。

4. 面对朋友的负面评价，你没有自卑，而是自信地应对挑战，很了不起。
5. 宝贝，你每一次的尝试都像闪耀的光芒，这种自信真令人佩服。
6. 你的每一次坚持都是自信心不断增强的证明，加油宝贝！
7. 你能够自信地表达自己，这让我感到无比骄傲。
8. 从你的笑容中，妈妈看到了自信、阳光，以及无限的潜力。
9. 儿子，你笑容中透出的自信总是能够让人不由自主地想要靠近你。
10. 你能勇敢地面对未知，这种自信和阳光的心态真令人佩服！
11. 你积极的态度就像明媚的阳光，温暖着身边的每个人。
12. 宝贝，站在舞台上的你，光芒四射，满满都是自信。
13. 你的自信心让每个目标都变得触手可及。
14. 舞台上闪耀着光芒的你充满了自信，这都是你平时努力的结果。
15. 你的微笑永远都散发着自信的魅力，让人喜欢。
16. 你带着满满的自信勇敢追梦，妈妈看了都心生敬佩。
17. 你的自信感染着周围的所有人，你看，同学们都愿意跟你一起玩。
18. 妈妈相信，带着这份自信，在未来的道路上你会创造更多的辉煌。
19. 你不自卑而充满自信的模样，就是你最美的标志。
20. 虽然经历了波折，但你始终绽放着自信的光芒，真厉害！
21. 你拥有的智慧和自信已经超越了你的年龄，妈妈真为你感到自豪。

22. 从你的声音中，妈妈听到了无尽的自信和力量，妈妈为你感到骄傲。
23. 你总能以自信的姿态面对每一次挑战，真的很厉害。
24. 妈妈知道你从来都不畏惧失败，因为自信就是你的底气。
25. 看到你自信满满的样子，妈妈悬着的心就踏实了。
26. 你在生活中的每一次挑战都展现了你的自信和勇气。
27. 妈妈相信，因为你的自信，你会不断超越自我的。
28. 不管什么时候，你的自信总能照亮你前行的道路。
29. 面对困难，你自信和乐观的态度深深地鼓舞了爸爸妈妈。
30. 经过不断的练习，你在台上表现得更自信了，为你加油！
31. 看到你坚定的眼神和自信的言辞，就知道你事先做了充足准备。
32. 你今天主持时没有怯场，浑身都散发着自信的光芒，真棒，宝贝！

贴心叮咛

家长要及时发现孩子哪怕极其微小的努力和进步，及时、恰当地给予鼓励和支持，这有助于孩子逐步建立自信，让孩子能够勇敢地面对成长道路上的种种挑战。

鼓励孩子突破自我，夸孩子有勇气

情景案例

在生活或学习中，当遇到新环境、新领域、新挑战时，有些孩子会积极尝试，而有些孩子则更想待在舒适区，表现出畏惧心理。面对孩子的畏惧心理，很多家长也不知所措，不知道该如何引导。

案例分析

孩子不敢突破自我的畏难心理会限制他们在生活和学习中的成长空间，因此，家长需及时找到造成孩子不敢突破自我、不敢面对各种挑战的原因。以下几点就可能造成孩子不敢突破自我：

- 家长不鼓励孩子接触新事物、新环境
- 家长过度担心孩子会受伤，阻止孩子尝试新事物
- 家长对孩子的小失误或小挫折反应过度，导致孩子害怕再尝试

在锻炼孩子的勇气，鼓励孩子突破自我、挑战自我的过程中，家长应该不断地给孩子提供和制造一些锻炼和成长的机会，鼓励孩子勇敢尝试，比如在玩耍中锻炼身体的协调能力，在与其他小朋友的互动中提升社交的能力，在解决问题中培养解决问题的能力等。当然，在孩子尝试的过程中，家长也应及时发现孩子的进步，及时给予夸奖，不断肯定孩子敢于突破、挑战的行为。

高情商父母都这样夸孩子

1. 你克服了恐惧，突破了自我，妈妈真为你感到骄傲！
2. 你在讲台上的表现实在令人惊叹，你突破了心理障碍，妈妈真为你感到骄傲！
3. 你克服了心理障碍，勇敢地向老师提出了你的问题，妈妈为你点赞！
4. 你成功突破了自己，相信你未来也能更加自信地面对各种挑战！
5. 你恐高，但今天你却挑战了自己，妈妈相信将来的你会无所畏惧的。
6. 你愿意挑战自己，主动尝试新事物，真是个勇敢的孩子！

7. 宝贝，你勇敢地迈出了第一步，克服了恐惧心理，未来会更优秀的。
8. 你勇敢地做了尝试，像个小探险家一样，真的非常勇敢！
9. 你克服了内心的恐惧，勇敢地站上了玻璃栈道，并走到了终点，真棒！
10. 你能够克服恐惧，勇敢地挑战一直不敢挑战的攀岩，真了不起！
11. 妈妈很高兴看到你能够突破自我，尝试新事物，这种敢于挑战的精神非常值得鼓励。
12. 勇敢去尝试吧，宝贝，过程比结果更重要，妈妈支持你！
13. 勇敢去挑战吧，你可以的，宝贝！妈妈相信你，也永远支持你！
14. 宝贝，你能够在众人面前陈述自己的观点，克服了怯场的心理，表现得非常棒！
15. 失败了也没有关系，重要的是你突破了自我，这是最大的进步，以后再也没有什么能够阻挡你了。
16. 人人都会遇到困难，重要的是看我们怎么去面对，你今天做得很好。
17. 宝贝，你敢于挑战自我的表现，让妈妈看到了你的成长和进步！
18. 你的每一次尝试和自我突破，都会让你变得更加强大，加油宝贝！
19. 每次尝试都让你变得更加勇敢和自信，加油宝贝！
20. 你克服了内心的恐惧，挑战了自我，真是个勇敢的小战士！
21. 你能勇于挑战，突破自我，是一个非常有勇气、有胆量的孩子！

22. 你战胜了内心的恐惧，既勇敢又自信！

23. 宝贝，你勇敢地挑战自我的表现，比我想象中还要好，你真的太厉害了！

24. 宝贝，你今天战胜了自己的恐惧心理，真了不起！

25. 看到你能够勇敢地突破自己，爸爸妈妈真为你感到自豪！

26. 你的表现让妈妈看到了一个比我想象中更勇敢、更强大的你！

27. 突破自我需要莫大的勇气，你做到了，妈妈为你感到自豪！

28. 宝贝，你今天能够克服恐惧，未来就没什么能够让你害怕了！

29. 宝贝，你今天的勇敢表现让我们看到了更优秀的你！

30. 宝贝，你今天敢于挑战的勇气，真的让妈妈很佩服。

31. 凭你今天敢于挑战的勇气，妈妈相信你能战胜未来所有的困难和挑战！

32. 你真的很勇敢，这种敢于挑战自我的精神非常值得肯定。

贴心叮咛

与人相处的过程可能也会导致孩子产生畏惧心理，比如孩子受到他人的嘲笑或负面评价，就有可能会加剧孩子的畏惧心理。

鼓励孩子坚强勇敢，夸孩子不退缩、敢面对

情景案例

面对挑战，有些孩子还没开始尝试就担心自己做不好，害怕面对失败的结果。比如，在第一次尝试新事物时没有成功，就不愿意再继续尝试第二次；在面对新的学习任务时，害怕做错题或者得不到好成绩，就拖着不开始。面对这种情况，家长可能会拿自己的孩子和别人家的孩子比较，或者过度关注孩子尝试的结果，这些都会加剧孩子的畏难心理。

案例分析

孩子害怕失败，主要有以下几方面原因：

缺乏自信

过度在意家长和他人的评价

渴望得到认可和鼓励

害怕结果让自己和家人失望

想要帮助孩子战胜对失败的恐惧，家长可以先理解他们的情绪，再用正确的方式引导他们，从而帮助他们建立自信，勇敢面对挑战。夸奖就像拥有神奇的魔力，能给予孩子无穷的力量。

家长要学会用放大镜去发现孩子的闪光点，并及时给予孩子真诚的夸奖。不要吝啬赞美之词，比如“你真的很努力了！”“我相信你能做得更好！”这些积极的肯定能让孩子感受到来自父母的爱和支持，相信自己有能力克服困难。

高情商父母都这样夸孩子

1. 宝贝，通过几次经历，妈妈发现你变得更谨慎、更细心了，妈妈为你点赞。
2. 遇到挫折你没有气馁，而是吸取教训，勇敢面对，这点太难得了！
3. 虽然第一次失败了，但这次你总结了经验，且最终成功了，真棒！
4. 失败并不可怕，可怕的是害怕失败，宝贝，再来一次，妈妈为你加油！

5. 失败是成功之母，宝贝，别惧怕失败。
6. 面对失败，你没有退缩，而是继续挑战，这种精神值得点赞！
7. 宝贝，虽然上次没考好，但你及时总结了经验教训，这次便取得了好成绩，继续保持这个好习惯，妈妈为你加油！
8. 虽然这次比赛没拿到名次，但你中途没有退缩，一直拼到了最后，这种精神值得鼓励。
9. 遇到难题你没有绕开，而是利用各个知识点进行突破，这点非常难得。
10. 虽然比赛中你摔倒了，腿也磕破了，但是你依然坚持到了终点，妈妈为你这种精神点赞！
11. 遇到挫折你没有退缩，而是勇敢面对，真的很棒！
12. 你能从失败中审视自己，并找到失败的原因，这点非常难得。
13. 面对失败你没有退缩，而是再次鼓起勇气挑战，这点实在难能可贵。
14. 你没有被困难打倒，而是勇敢面对，这种坚韧，让妈妈看到了更优秀的你。
15. 你能够从失败中吸取经验，并不断进步，妈妈真为你感到骄傲！
16. 你能够从失败中勇敢地站起来，妈妈真为你高兴！
17. 通过这次失败，妈妈看到了你的成长，你变得更强大、更自信了，真棒！
18. 宝贝，你勇敢面对失败的态度太宝贵了，要一直保持啊！
19. 失败并不可怕，你能从中吸取经验教训，这点是最可贵的。
20. 失败是很正常的事情，不退缩，勇敢面对，你会发现它并不可怕。
21. 面对困难，你依然积极乐观，妈妈相信你很快便能战胜它！

22. 跌倒后，你勇敢地站了起来，你的坚强充满了力量！
23. 面对数次失败你都不气馁，妈妈看到了你的坚韧，你真的很棒！
24. 别担心失败，它会成为你成功道路上的垫脚石，勇敢去尝试吧，宝贝。
25. 经历过风雨，你才能更加勇敢、坚韧，不是吗？
26. 宝贝，面对挫折你没有放弃，这种精神让妈妈都深受感动！
27. 虽然失败了，但每一次的尝试都是一种收获，你已经很棒了，宝贝！
28. 你不仅敢于尝试，失败后还不退缩，懂得总结经验，真的了不起！
29. 每一次跌倒都是为了下一次更好地站起来，你做得很好！
30. 你认真分析失败原因的样子，让我仿佛看到了未来的物理学家。
31. 失败了，总结教训才能取得更大的进步，这点你做得很好，宝贝！
32. 宝贝，你真的了不起，就算面对失败，你依然能积极思考，不断尝试！

贴心叮咛

家长需要引导孩子正确看待失败，让孩子明白，失败是成长的重要组成部分，每一次失败都是一次学习和成长的机会。

引导孩子勇于拼搏，夸孩子敢于面对挑战

情景案例

不少孩子在面对挑战和困难时，比如学习成绩不理想、与小朋友产生矛盾、比赛失败等，往往会难过哭泣，或者选择逃避。面对这样的情况，家长若过度担忧，或一味责备，都可能对孩子产生负面影响。

案例分析

困难和挑战是对孩子现有能力的考验，更是塑造他们拼搏性格的重要契机。家长不妨从以下几方面激励孩子敢于面对挑战：

1 认可孩子的情绪问题

2 改变自己的评判标准

3 提供具体的解决方案和帮助

在激励孩子勇敢面对挑战的过程中，家长可以采取一些积极的方法引导孩子，比如可以细心观察孩子在面对困难时的反应，发现值得表扬的行为，及时给予表扬，并鼓励他们下次再接再厉。通过对孩子行为的肯定，让孩子明白他们有能力克服困难，从而激发他们的内在动力。

高情商父母都这样夸孩子

1. 无论遇到多大的难题，你都能勇敢面对并想办法解决，这种精神值得称赞。
2. 在比赛中，你遇到了很大的阻碍，但你没有放弃，最终赢得了比赛，这种不惧挫折、勇于拼搏的表现非常值得称赞。
3. 面对同学对你的诋毁，你选择了据理力争，这种表现非常值得肯定。
4. 成绩下降后，你没有自暴自弃，而是积极寻找原因，这种品质非常可贵。
5. 虽然困难重重，但你依然报名参加了比赛，这种勇气真了不起。
6. 你参加了这次的演讲比赛，而且信心十足，妈妈真为你感到骄傲！
7. 你平时训练那么刻苦，这次比赛一定没问题。
8. 你能够报名参加这次的化学比赛，妈妈很佩服你。

9. 宝贝，你真棒！我就说嘛，敢于面对挑战的你是可以的！
10. 看到你冲过终点的那一刻，妈妈心里别提有多激动了，你太棒了，宝贝！
11. 这次的试题很难，但你不仅没有放弃，还取得了好成绩，真厉害！
12. 面对困难，你没有打退堂鼓，妈妈真为你感到骄傲！
13. 快来给妈妈讲讲你是怎么拿到比赛第一名的。
14. 失败没关系，最重要的是你敢于迈出这一步去挑战。
15. 虽然没有取得最终的胜利，但你迎难而上的精神让妈妈感到骄傲。
16. 宝贝，你为自己的观点据理力争的样子真的很赞！
17. 你勇于拼搏的样子，让我看到了一个非常厉害的小小男子汉。
18. 面对同学的负面评价，你能从容应对，这点非常了不起。
19. 你遇到问题时的从容和淡定，让妈妈自叹不如。
20. 虽然这次比赛没有取得名次，但你已经尽了最大努力，这就够了。
21. 今天，你正确地回应同学对你的不友好评价，这种成熟的处理方式让妈妈很钦佩！
22. 你没有受他人负面评价的影响，而是用实际行动回应质疑，这种做法非常值得称赞！
23. 你不害怕批评，也敢于承认错误，这很值得赞扬！
24. 成功与失败都不重要，重要的是你让爸爸妈妈看到了你勇于拼搏的精神。
25. 继续努力吧，胜利的号角总会为你吹响的。
26. 面对同学的嘲笑，你不做回应，而是用实力去征服他们，太了不起了。

27. 你从班级排名倒数，一下子跃升到了班级前十名，这种努力拼搏的精神真棒！

28. 通过努力，妈妈认为你的成绩还能提升，你觉得呢？

29. 虽然这次考试你只前进了一名，但也是努力的结果，不是吗？

30. 你现在能够背诵一百多首古诗词了，真厉害！

31. 去吧，宝贝，妈妈期待你这次的精彩表现。

32. 宝贝，面对困难，你不畏惧，依然继续挑战，这种勇于拼搏的精神非常值得肯定。

贴心叮咛

对孩子勇敢、坚强品质的培养，需要家长和孩子的共同努力，家长不仅要以身作则，还要耐心地给孩子成长进步的空间和时间。

鼓励孩子坚持不懈，夸孩子不畏艰难，勇往直前

情景案例

在孩子的成长过程中，我们常常会看到这样的画面：孩子一遇到难题就轻易放弃、逃避。面对这种情况，有些家长可能会批评孩子，也可能会直接帮孩子解决难题。很显然，这两种处理方式对孩子的成长都会产生不利影响，家长要给予孩子正确引导。

案例分析

孩子遇到难题就想打退堂鼓？别担心，这可不是个例！很多孩子都会遇到这种情况，导致他们畏缩不前的可能有以下几点原因：

1 缺乏经验

2 耐心不足

3 被家长过度保护

缺乏经验的孩子面对难题时，常常会感到迷茫无措，不知道该从哪里下手，自然容易产生畏难情绪；缺乏耐心和毅力的孩子，很难长时间专注于问题，难以坚持尝试不同的解决方法，容易选择放弃；家长过度保护则会阻碍他们发展独立面对挑战的能力，让他们习惯依赖他人，一遇到困难就想寻求帮助。

面对这个问题，关键还是需要家长的鼓励和引导！要让孩子明白，每个人都会遇到困难，重要的是学会如何面对和解决。家长要理解和接纳他们的情绪，并试着帮助他们将一个大难题分解成几个小问题，一步一步地解决，减轻他们的压力和焦虑。当孩子开始思考并积极寻求解决方案时，要及时给予表扬和夸奖，鼓励孩子开动脑筋，想出多种解决问题的方案，并从中选择最合适的方法。

高情商父母都这样夸孩子

1. 面对困难，你依然坚持了下来，妈妈为你感到自豪！
2. 宝贝，经过坚持，你战胜了困难，真了不起！

3. 宝贝，你不怕困难、勇往直前的样子，让妈妈看到了你光明的未来。
4. 胜利永远属于肯坚持的人，宝贝，继续坚持努力，妈妈会做你强大的后盾。
5. 你的每一次坚持都在向着梦想迈进，加油，宝贝！
6. 宝贝，你遇到困难不退缩的坚持精神，真让人佩服！
7. 你一直在坚持，这让妈妈看到了你坚定的意志。
8. 今天你又练习了这么久，你的坚持会让你离目标越来越近的。
9. 遇到挫折，你并没有放弃，这种精神太值得肯定了，加油宝贝！
10. 你勇往直前的精神给了妈妈很大的鼓舞。
11. 虽然比赛失利了，但你没有抱怨，没有气馁，继续前进，这种精神非常可贵。
12. 虽然失败了，但你比昨天多尝试了一次，离目标又近了一步！
13. 解决问题时，你表现出了镇定和耐心，这种品质非常难得。
14. 遇到困难时，你没有退缩，而是积极思考，尝试用不同的方法解决问题，这种坚持不懈的精神非常难得。
15. 没有坚持就没有成功，宝贝，你今天做得很棒！
16. 困难只是暂时的，但你的坚持是非常宝贵的品质。
17. 通过坚持，你今天终于获得了胜利，这种精神值得鼓励。
18. 你能够勇于面对失败，再次发起挑战，这种精神非常难得。
19. 面对困难，你不屈不挠，用心想办法，真是个坚持不懈的好孩子！
20. 虽然顶着巨大压力，但你能够冷静思考，最终将问题解决，实在了不起。

21. 虽然压力很大，但是你敢于继续尝试，这种坚持不懈的精神值得鼓励。
22. 遇到困难时，你能够保持积极的心态，继续勇往直前，这非常难得。
23. 你面对困难时不退缩，爸爸妈妈非常欣慰！
24. 宝贝，你能面对并克服这次困难，真是个聪明又勇敢的孩子！
25. 你能打破这次困境，源于你的坚持，妈妈为你感到自豪！
26. 面对困难，你能找到不同的解决办法，真是个善于思考的孩子！
27. 宝贝，你今天在面对困难时的表现，太令人感动了。妈妈相信，在未来的成长道路上，你一定能够像今天这样，披荆斩棘，勇往直前！
28. 在面对挑战时，你表现出的勇气和毅力，让妈妈看到了你未来生活的底气！
29. 你解决问题时的耐心和毅力，实在难能可贵。
30. 宝贝，你今天能够战胜困难，全是你坚持不懈的结果！
31. 你今天面对困难没有退缩，而是勇往直前，这种精神比什么都重要！
32. 面对困难，你不害怕，敢于继续挑战，真是个不惧困难、坚持不懈的宝贝！

贴心叮咛

面对孩子的困难，家长不要急于替孩子给出答案，而要鼓励并相信孩子有能力找到解决问题的方法。

激发孩子的探索意识，夸孩子的好奇心

情景案例

每个孩子都是天生的探险家，他们对世界充满好奇，总爱问一些稀奇古怪的问题。面对这一情况，不少家长会不耐烦、敷衍，甚至觉得这些和作业无关。这些做法都不利于维护孩子的探索精神。

案例分析

好奇心能够激发孩子的求知欲，让他们主动去探索未知世界，所以，家长要培养孩子的好奇心，生活中需要做好以下几点：

为孩子提供多元化学习机会

多带孩子去博物馆、图书馆、科技馆等地，激发孩子探究未知事物的欲望

鼓励孩子探索未知领域

引导孩子尝试新事物、新活动，并给予积极评价和支持

培养孩子独立思考的能力

遇到问题时引导孩子积极思考，必要时给予适当的帮助和指导

与孩子分享自己的好奇心

家长可以向孩子介绍自己曾经好奇或探究过的事情，也可以邀请孩子参与实验或活动，引导孩子深入思考和交流

为孩子营造积极的学习氛围

为孩子营造安全、舒适、渐进式、开放的学习环境，肯定孩子的合理行为，提高孩子对新事物的接受度

在保护孩子好奇心的过程中，家长要认真倾听孩子的问题，并给予积极的回应。即使问题很简单，也不要敷衍或者嘲笑，而是要耐心地引导他们去寻找答案。当孩子取得进步时，则要肯定他们的努力，并鼓励他们继续探索。例如，当孩子尝试解决一个难题时，即使没有找到正确答案，家长也可以表扬他们的思考过程和尝试的勇气。

高情商父母都这样夸孩子

1. 你对事物的好奇，以及敢于提问的态度，让妈妈看到了你的探索精神。

2. 你有着敏锐的观察力，总能发现大自然的奥秘，真了不起！
3. 你总能提出一些妈妈都想不到的问题，妈妈会和你一起寻找答案。
4. 宝贝，你善于发现问题和提问，这个优点非常好。
5. 你对大自然充满了好奇，妈妈会经常带你去接近大自然的。
6. 宝贝，发现新奇的小动物后，你总是要好好研究一下它们，同时还会查阅相关的资料，这个习惯真的很值得赞扬。
7. 宝贝，你的好奇心会带着你领略世界的精彩，继续保持吧！
8. 你通过观察，总能提出一些奇奇怪怪的问题，这是好奇心的表现。
9. 宝贝，带着你的好奇心不断探索吧，你会发现更多有趣的事物。
10. 好奇心能激发学习的动力，祝贺你宝贝，你有很强的好奇心。
11. 宝贝，你拥有强烈的好奇心，且充满了求知欲，妈妈相信你会发现越来越多的精彩。
12. 宝贝，你对世界充满了好奇，妈妈支持你去探索！
13. 你拥有一双善于观察的眼睛，总能察觉到别人察觉不到的细节。
14. 你对生命的起源充满了好奇，并且积极寻求答案，妈妈支持你。
15. 你针对生命的起源提出的问题很有自己的想法，努力学习，将来用丰富的知识和实践去验证你的想法吧，妈妈支持你。
16. 你不仅善于探索，还善于吸收新知识，妈妈为你感到自豪！
17. 宝贝，保护好好奇心和求知欲，它们将引领你走得更高更远！
18. 你的问题很有意思，激发了妈妈的求知欲，我们一起寻求答案吧！
19. 宝贝，你的好奇心很宝贵，带着它和疑问不断去探索吧。
20. 宝贝，你对太空的好奇，让妈妈好像看到了未来的太空研究者。

21. 从海洋馆回来后，你就不停地问问题，对海洋生物充满了好奇，这是你善于探索的表现，妈妈要买一些海洋生物的图书送给你。
22. 宝贝，你好奇心强，并且有颗求知若渴的心，这点非常宝贵。
23. 你针对这个小动物的身体结构提出的问题很有启发性，也激发了妈妈的好奇心呢。
24. 你总能发现生活中的新奇事物，真是个小小探险家。
25. 宝贝，你拥有强烈的好奇心，并且能提出自己的想法，你已经迈出探索的第一步了！
26. 宝贝，你对星空好奇的样子，好像让我看到了未来的小天文学家。
27. 带着你好奇的心，开启你对生命的探索之旅吧，妈妈支持你。
28. 宝贝，你对地球充满了好奇，保持这种好奇继续探索吧。
29. 勇敢提出你的疑问吧，妈妈会陪你一起探索答案。
30. 你盯着蚂蚁看了半天，还提出了有深度的问题，真是善于探索的孩子。
31. 你的问题充满了想象力，在未来的成长道路上去找寻答案吧。
32. 宝贝，保护你的好奇心，它会帮助你打开探索世界的大门。

贴心叮咛

家长要让孩子明白，提出问题并不代表“笨”，而是代表他们正在思考，正在学习，每一个“为什么”的提出，都是一次探索和成长。

强化孩子的特长，夸孩子的兴趣爱好

情景案例

每个孩子都拥有不同的天赋和兴趣，有的孩子喜欢音乐，有的孩子热爱绘画，有的孩子对运动情有独钟……家长可以帮助孩子发现他们的兴趣爱好，并引导他们去尝试和探索自己的兴趣爱好。但是不少家长会给孩子报各种兴趣班、辅导班，认为只要孩子多尝试，就一定能找到自己的兴趣，但这种“填鸭式”的方法只会让孩子感到压力和束缚，更加排斥参与任何活动。有些家长则认为孩子的兴趣爱好并不重要，只要学习成绩好就足够了。但实际上，让孩子长时间埋头于书本和作业，可能会错失发现和培养兴趣爱好的宝贵机会。

案例分析

作为家长，应该如何帮助孩子发现他们的兴趣爱好呢？不妨从以下三个方面入手：

1. 孩子喜欢做且愿意持续做的事情
2. 孩子主动提出来要上的兴趣班
3. 孩子主动去翻阅的特定主题的书籍

兴趣是最好的老师，家长可以鼓励孩子积极参与各种活动，例如绘画、音乐、运动、科技等，让孩子在实践中激发自己的兴趣和潜力。带孩子参观博物馆、科技馆、艺术展览等，开阔孩子的眼界，帮助他们发现更广阔的世界和更多的可能性。

家长要尊重孩子的个性和兴趣，给予他们足够的自由和空间去尝试和探索，不要强迫孩子学习他们不感兴趣的东西，也不要因为孩子喜欢的东西不实用就阻止他们。

高情商父母都这样夸孩子

1. 宝贝，跟妈妈说说你的兴趣和爱好吧。
2. 妈妈知道你喜欢滑冰，看，妈妈买了你喜欢的滑冰鞋！
3. 你对探索新鲜事物感兴趣，这让妈妈看到了未来的科研小将啊！
4. 你对大自然中的动植物非常感兴趣，多观察、研究吧，妈妈支持你。
5. 孩子，你现在不知道自己的兴趣爱好很正常，总会发现的。

6. 宝贝，你的足球踢得真好，认真练习，将来会和你的偶像一样踢出成就的。
7. 你今天的积木拼得好有创意，让妈妈看到了你建筑师的潜质！
8. 宝贝，你唱歌真好听，很有歌唱家的风范和潜质！
9. 宝贝，你画画真好看，这朵牡丹都被你画活了。
10. 妈妈发现你很喜欢手工啊，尽情发挥你的想象力吧，有什么需要可以跟妈妈讲，妈妈支持你。
11. 你对羽毛球的热爱，让妈妈看到了未来冠军的影子。
12. 妈妈相信，只要保持你的兴趣，你一定能创造出属于自己的精彩！
13. 你找到了自己的爱好，妈妈为你感到开心！
14. 你在兴趣爱好上付出的努力，会成就你的将来！
15. 宝贝，看到你在兴趣爱好中找到了快乐，也收获了成长，妈妈真为你感到开心！
16. 看到你做自己感兴趣的事情时专注的模样，妈妈好欣慰！
17. 宝贝，你愿意跟妈妈分享你的兴趣爱好，妈妈真开心！
18. 妈妈看到了你在兴趣爱好上投入的时间和精力，妈妈相信总有一天它会让你闪闪发光的。
19. 你对兴趣爱好的专注和投入，让妈妈看到了你的未来。
20. 宝贝，只要你愿意尝试，就会发现你的兴趣爱好。
21. 兴趣爱好给了你很大的自信，妈妈感到很欣慰。
22. 妈妈相信，只要坚持你的兴趣爱好，总有一天它们会成就你的。
23. 你对兴趣的执着，让妈妈看到了你无限的潜力！
24. 宝贝，妈妈发现你很喜欢游泳，去游吧，妈妈支持你！
25. 你能够找到自己热爱的事情，妈妈为你感到高兴。

26. 你对数学的热爱，会帮助你提升数学成绩的。
27. 你很清楚自己的兴趣爱好是什么，妈妈很欣慰！
28. 妈妈看到你在兴趣中收获了快乐和成就，真为你感到高兴！
29. 自从找到兴趣后，你变得自信开朗多了，妈妈真为你开心！
30. 你通过兴趣爱好获得了成长，妈妈为你感到自豪！
31. 你的兴趣爱好是你人生路上的一盏明灯，它会指引你走向更加美好的未来！
32. 你能够从爱好中发现乐趣，这是一种非常宝贵的能力！

贴心叮咛

想要发现孩子的兴趣、特长，家长需要用心观察、耐心陪伴，否则难以发现孩子的真正兴趣所在。

帮孩子树立目标，夸孩子有梦想

情景案例

有些孩子对未来没有明确的目标和规划，不知道自己的梦想是什么，缺乏学习的动力和热情。面对这样的情况，有些家长可能会将自认为的梦想强加给孩子，也可能会对孩子表示失望，甚至会拿别人家的孩子来进行比较。不管是将自认为的梦想强加给孩子，还是对孩子表示失望，都不利于孩子树立自己的梦想和目标。

案例分析

每个孩子的心中都孕育着梦想的种子，只是有些种子尚未有机会萌发。有些孩子可能尚未发现他们真正热爱的事物，因此梦想的种子仍旧处于休眠状态。在这种情况下，家长应当扮演细心的观察者角色，去探寻孩子内心深处的梦想种子。

家长不妨从以下几个方面去发现孩子的梦想：

- **发现孩子的专注点**
  孩子爱看什么书，对什么特别好奇，在哪些事情上表现出特别的热情和专注
- **借助名人、伟人的力量**
  给不自信、怕失败的孩子讲名人故事、伟人事迹，激励孩子
- **借助偶像的力量**
  对喜欢追星的孩子，家长不妨通过偶像的成名经历激励孩子奋发图强

家长要及时发现孩子身上的闪光点，并毫不吝啬地给予夸奖和鼓励，这会让孩子更加自信，也更容易让孩子找到梦想的方向。

以伟人、名人、偶像或者家长自己的经历鼓励孩子，可以让孩子明白梦想不是遥不可及的，只要努力，每个人都能实现梦想。

高情商父母都这样夸孩子

1. 宝贝，你现在就有清晰的目标，妈妈真为你感到骄傲！
2. 宝贝，和妈妈说说你将来想要做的事情吧。

3. 你这么喜欢探索，将来一定能像科学家一样有新的发现。
4. 这位化学家从小就喜欢做实验，你和他一样充满了探索精神！
5. 你想当医生，祝贺宝贝有了努力的方向，妈妈支持你！
6. 宝贝，你静心阅读的样子，让我看到了一颗文学梦想的种子正在你心中生根发芽。
7. 宝贝，你一直在为梦想努力，做得很好！
8. 宝贝，发奋努力吧，不要给自己设限，妈妈相信你的未来不可限量。
9. 你有清晰的目标，每天也在为目标努力，妈妈支持你！
10. 始终坚持自己的梦想，别因为其他人的看法就轻易放弃！
11. 宝贝，勇敢追求你的理想吧，爸爸妈妈永远支持你！
12. 你的每一次尝试都在朝着目标迈进，妈妈真为你高兴！
13. 相信自己，你可以达成目标，妈妈和你一起努力。
14. 妈妈和你一起阅读名人传记，从他们的经历中汲取力量！
15. 宝贝，你画得越来越好了，色彩搭配也很好！
16. 宝贝，坚持你的篮球梦，每天去练习吧，妈妈支持你！
17. 妈妈会陪伴你一起努力，实现你的大学梦！
18. 你对太空充满了好奇，妈妈会常带你去天文馆的！
19. 不要害怕尝试，坚持追求你的梦想，妈妈相信你一定能行！
20. 坚持你的兴趣、爱好，那是离你梦想最近的地方！
21. 你为达成目标付出的辛苦和汗水，妈妈都看在眼里，你很棒！
22. 实现梦想的路总是充满了坎坷，但只要坚持，就一定能实现梦想！

23. 宝贝，为了你的舞蹈梦，你付出了很多艰辛和汗水，妈妈心疼，但也因为看到你的坚持而欣慰。
24. 别管别人怎么看，认准了目标就坚持，妈妈相信你！
25. 坚定梦想，持续努力，妈妈会和你一起，创造属于你的精彩人生！
26. 宝贝，坚定你的目标，它会让你变得更加勇敢和坚强！
27. 宝贝，让妈妈听听你的计划，看妈妈能帮你做点什么。
28. 宝贝，把你的梦想和妈妈分享一下吧，妈妈想和你一起努力！
29. 宝贝，坚持你的热爱，并为之努力，总有一天你会闪闪发光的！
30. 宝贝，妈妈看到了你对梦想的热情和执着，妈妈很感动！
31. 你的辛苦和付出，终将得到回报！宝贝，妈妈支持你！
32. 去追寻你的梦想吧，宝贝，它就像夜空中最亮的星，指引着你前进的方向。

贴心叮咛

在实现梦想的道路上充满了挑战，孩子需要付出努力和汗水，更需要家长们的鼓励、支持和陪伴。家长要成为孩子的坚强后盾，和孩子一起制订计划，帮助他们解决问题，和他们一起分享快乐，陪伴孩子走过每一个追梦的阶段。

第四章 夸出优良好品质

培养有爱心的孩子，夸孩子善良，乐于助人

情景案例

在生活中，孩子会遇到很多能够帮助他人的机会，这些机会是对孩子品德的考验，也是塑造他们优秀品质的关键，家长要善于抓住这些机会，及时对孩子进行积极的引导和鼓励，培养孩子乐于助人的优秀品质。

案例分析

家长要从小培养孩子的爱心，从小在孩子心中种下善良的种子，不妨从以下几个方面去培养：

鼓励孩子的友好行为

一旦发现孩子的友善行为，就及时给予拥抱或赞扬

扩大孩子的交往范围

帮孩子识别他人的好意，并教孩子学会回应他人的好意

为孩子提供献爱心的机会

给孩子学会关爱父母、长辈和他人的机会

教孩子学着关心他人

教给孩子关心家人、朋友、同学的方法

进行情感教育

善于抓时机向孩子介绍母爱、父爱的伟大等

在实践中塑造爱心

教孩子学会对家人说一些体贴的话、做一些体贴的事等

在培养孩子的爱心时，家长要及时发现孩子所做的富有爱心的行为，以及他们助人为乐的行为，并及时给予孩子夸奖和赞扬，让他们的行为得到肯定和认可。

高情商父母都这样夸孩子

1. 遇到同学有困难，你会伸出援手热心帮忙，真是个善良的孩子！
2. 你今天热心帮助了同学，做得很好，妈妈很欣慰。
3. 你今天的善良行为真让人感动，妈妈为你感到骄傲！
4. 你帮楼下奶奶拎东西的小小举动，让楼下奶奶非常感动，她不停向我夸你呢！
5. 你对爸爸妈妈的爱是我们最大的幸福，爸爸妈妈也爱你！
6. 你总是能关注到别人的需要，并尽力去帮助他们，这种品质非常宝贵。
7. 你的善良不仅让对方感到开心，也让你自己变得更有价值。

8. 你真是一个有爱心的孩子，宝贝。
9. 你真是一个有同情心的孩子，同学会因你的行为而感动。
10. 你能够关心生病的同学，让妈妈感到很欣慰。
11. 看到你热心地帮助同学，妈妈心里都觉得暖暖的。
12. 你帮生病的同学背书包，真是个乐于助人的孩子。
13. 宝贝，你乐于助人，将来一定会收获很多好朋友。
14. 你帮助同学的热情感染了班上的每一个同学！
15. 宝贝，你主动向有需要的同学提供帮助，这种行为值得表扬！
16. 你真是个有爱心的孩子，不仅帮助了同学，还感染了整个班级。
17. 你能够帮生病的同学补课，这种助人为乐的行为值得称赞！
18. 你帮助同学的样子就像个小天使，同学一定感到很温暖。
19. 老师说你经常帮助他分发试卷，你是他的最佳小助手！
20. 当他人遇到困难时，你能主动提供帮助，这种品质非常宝贵。
21. 虽然你的作业很多，但你还抽出时间帮助同学，真是热心的孩子。
22. 你用自己的善意行为改善了同学关系，做得好！
23. 你今天为邻居提供了热心的帮助，妈妈为你的爱心点赞。
24. 同学受伤后，你懂得问候他，这种关心会增进你们之间的友谊。
25. 你常常帮同学讲解难题，这种乐于助人的品质值得肯定。
26. 你会主动帮老师收发各种作业，这种行为值得赞扬！
27. 宝贝，你主动帮助他人、不断传递爱心的样子真的很美！

28. 宝贝，你在完成自己作业的同时，还能帮助其他同学，真的很厉害！

29. 面对他人的请求，你能积极提供帮助，真是热心的孩子。

30. 你牺牲自己的休息时间帮助别人，真是个小雷锋。

31. 宝贝，你在学校帮助同学的事迹我都听说了，妈妈为你感到骄傲。

32. 困难面前，你不仅没有放弃，还努力想解决办法，这种精神值得鼓励。

贴心叮咛

日常生活中，家长要引导孩子与他人分享，比如把好吃的给爸爸妈妈、爷爷奶奶，给客人端茶倒水等，并让孩子从中感受到喜悦。

让孩子学会真诚待人，夸孩子诚实不说谎

情景案例

很多家长都喜欢夸孩子聪明，但比起聪明，我们更应该看重孩子的诚实品质。诚实看似简单，却是孩子成长路上最宝贵的财富，也是获得他人信任的关键。但是生活中，不少孩子有撒谎、不诚实的表现。如果家长不加以引导，或采取错误的方式引导，很可能会让孩子变得更加不诚实和叛逆，最终难以改正。

案例分析

当孩子犯错时，不要急于责备，也不要一味地包庇和纵容，要耐心倾听，给他们一个解释的机会，引导他们说出真相、承担责任。比如，当孩子不小心打碎了花瓶，家长不要马上责怪他，而应温柔地问他："宝贝，你能告诉妈妈发生什么事了吗？"他也许会犹豫，也许会害怕，但最终会诚实地说出实情。这时，如果你摸摸他的头，微笑着说："宝贝，谢谢你告诉妈妈真相，妈妈很开心你这么诚实。"你会发现，孩子越来越敢于承担责任，也更愿意分享他的想法和感受，因为他们知道，诚实会得到父母的理解和支持。

当孩子表现出诚实的品质时，要及时给予肯定和鼓励，让他们感受到诚实带来的快乐，更加坚定地做个诚实的人。

家长要在生活中引导孩子成为诚实的孩子，不妨从以下几方面来做：

不随意给孩子贴撒谎的标签

发现孩子撒谎时，不要火冒三丈地说孩子撒谎，而要引导孩子说出事实真相

给孩子讲诚实做人的故事

用形象、具体、趣味化的故事，对孩子进行道德教育

让孩子明白不必要撒谎

孩子撒谎多为逃避惩罚，家长应冷静对待，鼓励孩子承认错误

适当满足孩子的合理要求和愿望

孩子需要的图书、文具、鞋服等要求，家长尽量满足

赞美孩子的诚实表现

对孩子的诚实行为及时奖励、赞扬和夸奖

高情商父母都这样夸孩子

1. 你不说谎的品质非常可贵。
2. 宝贝，你真是个诚实有担当的小伙子！
3. 你的诚实与正直，在助力你茁壮成长！
4. 宝贝，你诚实的品质让你一直都闪闪发光。
5. 宝贝，你真是一个诚实正直的好孩子。
6. 你的诚实就像是一颗种子，种下了你美好的未来。
7. 你就如同一个小太阳，用诚实温暖着我们。
8. 宝贝，你的诚实和正直就像超级英雄的盾牌，一直在保护你呢！
9. 宝贝，妈妈知道你一直很诚实，从来不屑于撒谎。
10. 你的诚实就像一颗明亮的星，照亮着你的前途。
11. 你总是会说真话，这份诚实和正直非常宝贵。
12. 你的诚实品质非常宝贵，爸爸妈妈也始终坚守诚实的原则。
13. 你用你的诚实给我们带来了欢乐。
14. 一直以来，你都在用诚实的品质赢得大家的喜爱，做得好。
15. 你能勇于承认错误，证明了你是一个有担当的好孩子。
16. 你就像美丽的花朵，用诚实装点着世界。
17. 你是一个诚实的孩子，诚实是非常宝贵的品质。
18. 宝贝，你的正直让我骄傲。
19. 你用诚实和正直赢得了大家的信任，真棒，孩子。
20. 你敢于说出真相，是个有担当的孩子。
21. 真诚是一种美德，宝贝，你具备这种品德。
22. 宝贝，你敢于说出实情，还能向同学道歉，这点非常难得。

23. 你从来不会撒谎，这种诚实的品质让妈妈很安心。

24. 宝贝，你能够承认错误，并且及时弥补，这种担当非常值得肯定。

25. 你不小心把水杯打碎了，但勇于承认了错误，做得好。

26. 你总是带着一颗诚实的心去拥抱世界，真了不起。

27. 虽然你将超市的东西打碎了，但是你没有撒谎，而是及时向店员说明了情况，这种诚实的品质非常可贵。

28. 你一直都以一颗真诚的心待人，妈妈很欣慰。

29. 你主动将捡到的手机放到了物业服务中心，并让他们帮忙寻找失主，这种行为真棒！

30. 你用真诚和诚实为生活的画布添上了美丽的色彩。

31. 因为你的诚实，同学们都喜欢和你相处，妈妈真为你高兴。

32. 宝贝，因为你的诚实，大家都很喜欢你，妈妈真为你高兴。

贴心叮咛

“身教重于言传”，家长的行为对孩子来说是有形的榜样，培养诚实的孩子，家长首先要做到诚实守信。

培养孩子的责任和担当，夸孩子知错就改

情景案例

爸爸妈妈都希望自己的孩子有责任、有担当，犯了错能勇于承认，并积极改正，但是不少孩子却缺乏这些优秀的品质。面对这种情况，如果家长直接指责孩子“找借口”，或者严厉批评孩子“做错了事不敢承认”，而不能引导孩子认识到自己应该承担的责任，很可能会让孩子变得更加胆小怕事或者学会逃避责任。

案例分析

面对孩子不敢承认错误的情况，家长不妨这样来培养孩子的责任心和担当品质：

引导孩子自己的事情自己做

在孩子力所能及的范围内，让孩子将自己的事情做好，比如整理房间，收拾书桌、书包，清洗鞋服等

引导孩子为自己的错误负责

孩子犯了错，要给孩子认错并改正的机会，家长不要参与其中，让孩子自己承担犯错的后果

给孩子发言权和选择权

在孩子成长过程中，家长注意给予孩子对事物认识的发言权，以及对事物的选择权

让孩子体验责任和担当

在日常生活的大小事情中，家长要有意识地让孩子承担一些责任和担当，培养孩子的责任意识

当孩子能够主动承认错误，而且有责任和担当意识时，家长要及时给予表扬和夸奖，夸奖要具体，且有指向性。比如："你主动向小朋友道歉，说明你很勇敢，妈妈为你骄傲！"这样的夸奖可以让孩子明白，承认错误并努力弥补才是被肯定的行为。

夸奖孩子的同时，别忘了引导他们思考：为什么会犯错？之后如何避免？可以问问孩子："你认为这次犯错的原因是什么呢？""下次遇到类似的情况，你会怎么做呢？"这样的引导能够帮助孩子更好地管理自己的行为，并学会为自己的行为负责。

高情商父母都这样夸孩子

1. 宝贝，错了不怕，敢于承认错误并且改正，这才是最宝贵的。

2. 每个人都会犯错，愿意改正才是最重要的，你做得很好，宝贝。
3. 犯了错，懂得从错误中总结经验，这点非常难得！
4. 你敢于承认错误，这点非常值得肯定。
5. 你知道自己错在了哪里，并且及时做了纠正，真的很了不起。
6. 你敢于承认错误，真是有担当的孩子！
7. 知道错了，马上改正，这种品质非常可贵。
8. 谁都有犯错的时候，重要的是你鼓起勇气面对了它，这点非常可贵。
9. 你勇于承担了比赛失利的责任，这种责任感非常重要。
10. 虽然你犯了错，但是你勇于承认，妈妈原谅你了！
11. 宝贝，你及时改正错误的态度，非常值得肯定。
12. 你勇于承认错误，这种责任感和担当非常宝贵。
13. 承认错误，说明你很有担当，做得很好！
14. 知错就改，这是责任和担当的体现，孩子，你做到了！
15. 你愿意为自己的错误行为负责，这种品质难能可贵。
16. 人本来就是在不断犯错中成长的，别怕犯错，及时改正就好。
17. 妈妈很高兴你有勇气承认错误。
18. 你承认了错误并道了歉，接下来认真改正错误吧。
19. 你愿意承担责任，是一个有担当、可靠的朋友。
20. 这么快你就改正了错误，妈妈很欣慰。
21. 你能主动选择承担犯错的后果，妈妈为你这份担当点赞。
22. 你及时改正了错误，选择了正确的做法，做得非常好！
23. 宝贝，你对待错误的态度，让我看到了一个成熟的你。
24. 面对错误，你没有逃避，而是勇敢面对，你做得非常好，宝贝。

25. 将错误看成成长路上的垫脚石，这会让你更快成长的。
26. 你不仅认识到了错误，还及时做了改正，真了不起！
27. 你能够勇于面对错误，妈妈非常开心。
28. 你及时改正了错误，又得到了进一步的成长，宝贝，你做得好。
29. 改正错误是进步的开始，你做得好，宝贝。
30. 犯了错，你没有撒谎，也没有逃避，而是主动面对，这点非常可贵。
31. 你没有害怕犯错，还能从每次的错误中获得成长，真厉害！
32. 你勇于承认错误，并及时改正，这种品质非常宝贵。

贴心叮咛

有时候孩子可能意识到了错误，也愿意改正，但结果却不尽如人意。这时候家长更要肯定孩子的努力，鼓励他们继续尝试。

引导孩子关爱生命，夸孩子爱护小动物

情景案例

很多孩子看见路边的小猫小狗就走不动道，总想凑上前去摸一摸、逗一逗，这是孩子的天性使然，是他们充满爱心、关爱生命的表现。面对这种情况时，家长要及时给孩子鼓励，而不要敷衍或者劝阻孩子，否则会让孩子觉得自己的爱心并不重要，进而打击他们关爱生命的积极性。

案例分析

对小动物充满喜爱的行为，是孩子纯真和善良的最好诠释。家长应加以保护，并给予引导，让孩子进一步懂得敬畏生命、尊重生命、爱护生命。家长不妨从以下两方面去做：

给孩子提供与小动物接触的机会

和孩子一起认识动物

家长可以多带孩子接触大自然，去公园、郊外观察小动物，教他们如何与小动物友好相处。

家长还可以以身作则，比如，在遇到流浪猫时，家长可以轻声呼唤小猫，然后拿出一些干净的食物和水放在小猫面前，让孩子看到关爱小动物的具体行动，同时告诉孩子："看，小猫现在一定很开心，因为我们给它提供了食物和水。我们要一直这样关爱小动物。"

高情商父母都这样夸孩子

1. 你每天都照顾那两只流浪猫，真有爱心。
2. 你给受伤的小鸟处理伤口时，好像一位充满爱心的医生。
3. 你喂养小动物的行为，让妈妈感受到了你的爱心和善良。
4. 你照顾小猫时温柔的眼神，让妈妈感受到了你的爱心。
5. 虽然困难重重，你依然救护小兔子，真是个有爱心的孩子。
6. 那么暴戾的小狗被你养得这么温顺，都是因为你的爱心啊！

7. 看你和小狗玩得这么开心，妈妈也很开心。
8. 小兔子被你照顾得越来越胖了，你真是个爱护小动物的好孩子。
9. 你照顾受伤小鸟时的样子，让妈妈仿佛看到了一个小天使。
10. 宝贝，你对小动物都充满了爱心，对待亲人就更有爱心了。
11. 你对待受伤小动物时的爱心和温柔，让妈妈相信你永远不会冷漠。
12. 宝贝，你关爱小动物的行为值得称赞。
13. 你每天都照顾楼下的小猫，它都舍不得离开你了。
14. 你寻求朋友帮忙救助受伤小猫的行为，值得称赞。
15. 你为小狗找“家”的过程让妈妈感受到了你满满的爱心。
16. 每次看到你和小猫开心玩的样子，妈妈都觉得开心。
17. 你和小狗开心玩的样子，让妈妈感受到了你的爱心和善良。
18. 你用实际行动证明了如何保护小动物，真的很棒。
19. 你耐心救助受伤小猫的行为，真的很了不起。
20. 青蛙也是我们的朋友，你能做到不伤害它，妈妈感到很欣慰。
21. 你虽然很怕蛇，但却不让他人伤害它，真是个有爱心的孩子。
22. 你给小兔子洗澡、喂食的样子真美。
23. 你照顾小狗时的耐心，让妈妈感受到了你满满的爱心。
24. 在照顾小狗之余，你还学习护理它们的知识，真棒！
25. 你懂得每个生命的存在价值，懂得保护小动物，妈妈为你点赞。
26. 宝贝，始终保持这份保护小动物的心，你的人生会更加美好！

27. 你没有放弃受伤的小猫，把它带到宠物医院治疗，真是个有爱心的宝贝。

28. 你对小动物的爱和保护也感染着周围的每一个人。

29. 宝贝，你不仅会细心照顾小动物，还告诉小伙伴要关爱生命，做得非常好。

30. 今天你喂了流浪猫，还帮它安了家，妈妈为你的爱心点赞。

31. 你给小兔子的腿敷药时的状态，真像医生在用心救助患者。

32. 遇到受伤的小动物，你总会想办法救助，这种爱心值得鼓励！

贴心叮咛

给孩子讲关于爱护小动物的故事，带他们观看动物纪录片、参加保护动物的活动，可以从小培养孩子的爱心和关爱生命的意识。

教孩子学会情绪管理，夸孩子不乱发脾气

情景案例

孩子在日常生活中有时会乱发脾气，表现出糟糕的情绪管理能力。面对这种情况，家长的反应非常关键。如果家长采取放任的态度，孩子可能会误以为这种行为可以被接受，进而变得更为任性；如果父母过于严厉地批评孩子，孩子会感到受压制，变得更加情绪化，难以控制自己的情绪。

案例分析

当孩子情绪失控、乱发脾气时，父母要做好以下几点，来引导孩子正确地认识和处理自己的情绪，增强孩子管理情绪的信心和动力。

1 保持冷静，耐心倾听孩子的感受，让孩子感受到自己的情绪被接纳 → 2 和孩子一起探索更为合适的应对策略 → 3 帮助孩子识别情绪的根源

面对孩子的情绪失控，家长可以这样说："我知道你现在心情不好，输掉比赛的确让人感到难过。我们一起来总结一下，争取下次做得更好吧。"引导孩子逐渐学会情绪管理的方法后，他们在面对各种情境时会变得更加理智和成熟。

在孩子能够冷静下来，调整自己的情绪，面对问题时，家长要及时给予夸奖和表扬，帮助孩子建立积极的自我认知，引导他们学会管理情绪。

高情商父母都这样夸孩子

1. 孩子，你稳定的情绪让家里充满了和谐气息，你真是妈妈的小天使。
2. 宝贝，虽然输了游戏，但你没发脾气，而且笑着说下次再来，这种管理情绪的能力太值得赞扬了。
3. 宝贝，你懂得和妈妈分享你的喜怒哀乐，这点非常难得。
4. 虽然很生气，但你却没爆发出来，你这种情绪控制力很厉害。

5. 你情绪稳定的样子，让爸爸感到无比安心。
6. 虽然当时的情况让你很生气，但你依然能冷静地将问题处理好，这种稳定的情绪，真的让爸爸佩服。
7. 宝贝，你遇事不慌不忙、淡定的样子，让妈妈都佩服。
8. 我做了你不喜欢的食物，你没有生气，而是直接跟我进行沟通，这点非常值得肯定。
9. 弟弟将你的笔弄坏，你没有生气，而是告诉弟弟正确的做法，你的稳定情绪以及包容心，让妈妈都佩服。
10. 宝贝，你生气时通过唱歌宣泄情绪的方式值得鼓励。
11. 宝贝，看到你进步后不骄不躁的心态，妈妈感到很踏实。
12. 宝贝，你能够理解妈妈，没有要求妈妈给你买价格昂贵的品牌球拍，妈妈很欣慰。
13. 有关看手机的时间问题，你知道和妈妈协商，做得特别好。
14. 你生气后能够通过运动疏解，这个习惯值得鼓励。
15. 虽然你很生气，但不冲人乱发脾气，这种品质非常难得！
16. 刚刚爸爸冲你发火，你却能冷静地跟我好好说话，很了不起。爸爸向你道歉，同时也要向你学习，谢谢你。
17. 同学将你的球拍打坏了，你做了正确处理，真棒！
18. 你在想要自己喜欢的东西时，不吵不闹，能冷静地给出理由，非常难得。
19. 宝贝，你这么小的年纪就懂得情绪控制，非常厉害。
20. 面对妈妈的责备，你没有反驳，而是安静地听着，等妈妈冷静下来，你才给出你的理由，这种情绪控制能力真的很棒，妈妈要向你学习。
21. 你不喜欢吃这道菜，但没有生气，而是表达了出来，妈妈很高兴。

22. 面对同学的冒犯，虽然很生气，但你并没有回击，而是通过沟通让他知道了自己的行为是错的，这种控制情绪和处理问题的能力真棒！

23. 心情不好时，你懂得用阅读来疏导和排解，妈妈很欣慰。

24. 你会跟妈妈说出你心中的喜怒哀乐，你学会了倾诉。

25. 你知道妈妈心情不好，便来拥抱妈妈，真的很善解人意。

26. 与朋友产生矛盾时，你保持了冷静，维护了友谊，这点非常难得。

27. 你小小年纪就已经学会做情绪的主人了，妈妈佩服你。

28. 心情不好时，你懂得自我排解且不伤及身边人，这点非常难得。

29. 宝贝，看到你能情绪稳定地和朋友相处，妈妈很开心。

30. 面对同学的诬陷，你能冷静地为自己辩解，真了不起。

31. 你管理情绪的能力很强，大家都愿意和你一起玩。

32. 你学会了用音乐疏解不良情绪，妈妈为你感到高兴。

贴心叮咛

当孩子发脾气时，家长往往也会大发雷霆，这种行为非常不理智，很容易养出顶嘴、叛逆的孩子。

鼓励孩子独立思考，夸孩子不依赖他人

情景案例

从小培养孩子的独立思考能力对他们的未来至关重要，能够让他们更好地适应未来社会的发展和挑战。但是不少孩子在面对问题时常常表现出缺乏独立思考的能力，习惯依赖他人。面对这种情况，家长要采取正确的方式加以引导，培养有主见且能独立解决问题的孩子。

案例分析

面对缺乏独立思考能力、总是习惯依赖他人的孩子，家长可以从以下四个方面入手，培养他们独立思考的能力，帮助他们更好地成长，更好地适应未来的生活。

- **鼓励孩子提问和探索**
为孩子创造激发好奇心和探索欲望的环境，支持孩子独立思考，鼓励他们有自己的观点和见解

- **拓宽视野，发现不同**
为孩子提供丰富多样的资源，比如书籍、旅游等，帮助他们从不同的角度和视角去看待问题

- **引导孩子思考**
提出开放性问题，鼓励孩子深入思考和讨论；通过辩论和角色扮演活动，鼓励孩子发表自己的观点；引导孩子对接收的信息进行判断等

- **学会放手**
适当放手，给予孩子思考的环境，让他们直面问题

当孩子开始独立思考之后，家长要适当地夸奖和鼓励孩子，让孩子明白，家长认可的是他思考和解决问题的过程，而不仅仅是结果。当孩子为解决问题而进行独立思考时，即使结果不尽如人意，我们也应该给予肯定和鼓励，以保护他们探索未知的勇气。

鼓励孩子说出自己的想法，能够帮助他们更好地理清思路，提升表达能力。同时，这也是我们了解孩子内心世界、走进孩子内心世界的桥梁，有助于我们了解孩子的思考方式。

高情商父母都这样夸孩子

1. 你能够提前将明天出游的东西都准备好，真是个让爸妈省心的孩子。
2. 你能够合理规划你的零花钱，真厉害！
3. 你能够按照自己的意愿布置房间，真的很棒。
4. 颜色搭配非常好，很有想象力，真棒，宝贝！
5. 你的手工作品富有想象力，让妈妈眼前一亮。
6. 你不随波逐流，做出了和别人不一样的作品，真有主见。
7. 你选择用积木搭建城堡的想法，真有创意！
8. 遇到困难时，你总会先自己尝试解决，这点非常棒！
9. 你拥有自己的想法，并能清晰地表达自己的想法，真的很棒！
10. 宝贝，你有自己的想法，而且做事有条理，就按你的计划一步一步来！
11. 你能够勇敢且条理清晰地说出你的想法，真厉害。
12. 宝贝，你选择了自己喜欢的衣服，这是独立、有主见的表现！
13. 宝贝，你刚刚在选零食时，让妈妈看到了非常有主见的你。
14. 你按照自己的兴趣选择了课外班，很有主见。
15. 你决定每天自己放学回家，这是你独立的表现。
16. 你每次的作业都不用爸爸妈妈帮忙就能高质量完成，真的很独立。
17. 你自己就可以去上学，不用爸爸妈妈接送，真的很厉害。
18. 你能自己选择喜欢的课外活动，真是个有主见的孩子！
19. 你能够做出自己的判断，说明你认真思考了。

20. 宝贝，你不用督促，自己就做好了所有规划，真棒！
21. 宝贝，你选的圆珠笔真好用，以后妈妈的笔也由你来选吧。
22. 你选的故事书真好看，妈妈都看上瘾了呢！
23. 你已经有了自己的目标，真是个让妈妈省心的孩子。
24. 你能自己安排写作业和玩游戏的时间，并严格执行，真了不起！
25. 你提出的见解对爸爸妈妈也有帮助，谢谢宝贝。
26. 你选好了出行地点，不用爸爸妈妈操心，真不错，有主见！
27. 你选择独立思考，且很快解决了问题，真棒！
28. 你选择亲手制作礼物送给朋友，真是个有心又有创意的小朋友！
29. 你对周末的生活做了详尽的安排，真不错，宝贝。
30. 你把假期生活安排得井井有条，真棒！
31. 你敢于提出不同的意见，这表示你进行了独立思考，真棒！
32. 你选择了自己最想学的新技能，不用爸爸妈妈操心，真厉害！

贴心叮咛

在培养孩子独立思考能力的过程中，要给予孩子试错的机会，让他们在尝试和错误中不断学习和成长。

培养孩子的表达能力，夸孩子敢于表达自我

情景案例

家长都希望自己的孩子有出色的表达能力，但是很多孩子不善于表达。面对孩子的这种情况，家长的教育非常关键，如果家长总是批评、指责或否定孩子，那么就可能给孩子留下心理阴影，让孩子更加沉默寡言，不敢表达。

案例分析

家长不妨从以下几个方面了解孩子不敢表达自我的原因：

性格内向 性格原因，更喜欢熟悉的环境，不喜欢陌生环境

心理因素 孩子经历过负面情绪体验或心理创伤

电子产品影响 过早或过多使用电子产品，影响了孩子的表达能力

自卑 孩子缺乏自信和胆量，在日常生活中受到的关注和夸奖较少

了解了孩子不善于表达的原因，家长在帮助孩子提升表达能力的同时，还需要不断鼓励孩子。当孩子尝试着表达自己的时候，无论他说得多么简单，或者说得多么磕磕巴巴，家长都应该给予肯定，哪怕只是简单的点头或微笑，都能让孩子感受到被重视。比如，当孩子想要某个玩具时，如果他开始哭泣，家长可以轻声地引导：“你想要这个玩具，可以说‘妈妈，我想要这个玩具’，这样我就明白了。”这样不仅教会了孩子如何正确地表达需求，同时也增强了他的自信心。

鼓励孩子仔细观察，并用语言描述出来，是提升孩子表达能力的关键。比如，带孩子去公园，可以问问他看到了什么颜色的小花，听到了什么声音，并鼓励他描述出来。

高情商父母都这样夸孩子

1. 你可以清晰地表达自己，大家都愿意听你说话呢。
2. 我很喜欢听你说话，你总能抓住最关键的部分说给我听。

3. 你不仅表达清晰，还会听别人的意见，这点非常宝贵。
4. 你今天能够勇敢地表达出不同意见，非常棒！
5. 妈妈很喜欢听你说话，你说话总是那么条理清晰。
6. 宝贝，你的想法真的很独特，表达也很清晰，真棒！
7. 你能够将自己的感受表达得如此清楚，真厉害！
8. 在你分享想法时，妈妈感受到了你的自信和力量。
9. 你刚刚用词非常准确，太厉害了！
10. 你沟通能力很强，总是能找到非常恰当的方式直接说出你的想法。
11. 你能够简洁而精辟地将整个事件概况出来，真的很厉害！
12. 你能够条理清晰地将整个事件描述出来，这种表达能力真的很厉害！
13. 你的演讲富有感染力，大家都被你吸引了。
14. 你讲故事的能力很棒，每次都能让妈妈听得入神。
15. 你的叙述非常生动，把妈妈成功带入了故事场景。
16. 你很擅长用最精辟的语言描述事实，让大家一下子就能听懂。
17. 你每次都能提出新的观点，总是能让话题变得很有趣。
18. 虽然你是第一次在众人面前发表演讲，但是你清晰的思路以及抑扬顿挫的表达，真的很令人佩服。
19. 刚才你的表达鞭辟入里，让妈妈都陷入了思考。
20. 你能清晰地将自己的感受表达出来，真棒！
21. 你对问题的理解深入而透彻，表达也到位，真是太棒了！
22. 宝贝，你说话逻辑清晰，又充满正能量，大家都愿意听你说话。
23. 宝贝，你善于把握对方的情绪，知道该说什么不该说什么，这点实在难得。

24. 你在描述时善于用比喻等修辞方法，让妈妈听得很过瘾。
25. 你的话语总是正能量满满，让人很愿意听你说。
26. 宝贝，你的话很有深度，远远超出了你的年龄，令妈妈都佩服。
27. 你说话总是那么幽默，妈妈很愿意听你说话。
28. 你懂得用有效沟通解决问题，真的很厉害！
29. 你在表达上的天赋，让妈妈都很羡慕。
30. 你抑扬顿挫的节奏，让表达更有力量。
31. 你在表述时引经据典，真的很厉害！
32. 你总能在最恰当的时机表达自己，这展现了你的智慧。

贴心叮咛

很多孩子不敢表达，是担心说错话被批评。家长要为孩子创造一个安全的、包容的表达环境，让孩子明白，即使说错了也没关系。

提振孩子的行动力，令孩子做事麻利，说做就做

情景案例

家长都希望孩子有很强的行动力，不管是学习，还是做其他事情，都能说干就干，而不是靠家长一催再催。然而，一些孩子做事总习惯拖延，这让家长非常头疼。

案例分析

孩子行动力差，多是因为对待事情缺乏兴趣和期待感，动

机不足，家长不妨从以下几方面来激发孩子的行动力：

1. 培养孩子的目标感和规划能力
2. 给孩子积极的心理激励
3. 培养孩子的自我反思和自我调整习惯

目标感可以激发孩子内心对某个特定目标达成的渴望，它能激发孩子的行动力。

家长给予孩子积极的心理激励，一个充满爱和鼓励的环境，能够极大地提升孩子的内在动力，让他们更愿意主动行动。

让孩子对自己的行为和结果进行反思，然后进行必要的调整，可以培养他们面对挑战和逆境的韧性。

家长在言语和行动上给孩子积极的鼓励，也能激发孩子的行动力，培养孩子做事积极主动的好习惯。但要注意，夸奖孩子要具体，要说明为什么。与其说“宝贝你真棒，执行力太强了！”不如说“宝贝，你一听到妈妈说要出门就立刻开始穿鞋子，行动力真强呀！”这样孩子就能明白，出门前自己快速穿鞋子的行为是值得肯定的。

还要引导孩子思考为什么要这样做。比如，可以问问孩子：“宝贝，你为什么听到妈妈说要出门就马上去穿鞋子呀？”如果孩子说：“因为我想早点儿出门去玩。”那家长就可以接着说：“对呀，你早点儿收拾好，我们就能早点儿出门，有更多的时间玩啦！”夸奖孩子要真诚、具体，要帮助孩子理解行为背后的原因和意义，这样才能真正激发孩子的行动力。

高情商父母都这样夸孩子

1. 你做事这么麻利，妈妈都不及你呢。
2. 你这行动力实在值得称赞。
3. 说写作业马上就去写，有这种行动力，你的未来不可限量。
4. 你这种说做就做的态度值得肯定。
5. 你立刻就做的行动力让妈妈好欣慰。
6. 你说做就做，真是个行动派，比爸爸动作还快呢。
7. 刚安排好，你就立刻行动，这种习惯太难得！
8. 你行动力真强，说做就做。
9. 妈妈好喜欢你雷厉风行的做事风格。
10. 计划刚制订好，你就马上开始了行动，妈妈为你点赞！
11. 做事麻利、行动迅速，宝贝，你的行动力让妈妈都佩服。
12. 宝贝，你做事的效率真高，这与你超强的行动力是有关系的。
13. 你的动作真快，就像小旋风一样，妈妈为你感到骄傲！
14. 你总是能快速行动起来，这种行动力非常难得。
15. 你总能迅速进入行动状态，这种能力非常难得。
16. 你真是行动派，总能快人一步。
17. 你这行动力，就连妈妈也自愧不如呢！
18. 你说做就做的行动力，太值得鼓励了。
19. 你这种说干就干的劲头儿，真的很鼓舞妈妈。
20. 想到了马上就去做，爸爸很欣慰能看到你超强的行动力。
21. 想到之后，你总是第一时间就开始行动，这种能力非常难得。
22. 有想法后你会立刻通过实践验证，真是个行动高手！
23. 就凭你这种充满激情的干劲儿，没有什么是干不成的，继续加油。

24. 你立即行动的习惯，值得每个人学习。

25. 你总能迅速展开行动，这种行动力很难得。

26. 你超强的行动力让妈妈都感到惊讶，你太棒了。

27. 你麻利做事的状态真的让妈妈佩服。

28. 你说做就做，而且效率非常高，继续保持，妈妈为你点赞。

29. 你能改掉做事拖延的习惯，马上行动，妈妈好欣慰。

30. 你做事不拖泥带水，这种习惯实在难能可贵。

31. 只有行动起来才能看到成果，你做到了。

32. 你从不拖延，说做就做，好样的！

贴心叮咛

身教大于言传，家长的行为模式对孩子的行为会有非常重要的影响，所以，想要提升孩子的行动力，家长首先要保持高度的行动力，时刻为孩子做好榜样。

第五章

夸出优质好社交

让孩子学会包容，夸孩子懂得接纳和理解

情景案例

心理学研究表明，孩子进入小学后，同伴关系会逐渐成为影响其社会化发展的重要因素之一。孩子会渴望获得同伴的认可和接纳，包容和理解是建立良好同伴关系的关键，但是很多孩子不懂得包容和理解。此时就需要家长对孩子进行正确的引导。

案例分析

在生活中，家长要有意识引导孩子包容、理解、宽以待人的合作意识。当然，包容并不等于毫无原则地纵容，家长不妨从以下几方面引导孩子掌握正确的包容方式：

01 肯定孩子的包容和友爱之心 → 02 教孩子明辨是非，不能模糊对错的界限 → 03 教孩子正确表达自己的想法，维护自己边界的同时，引导朋友改正错误

肯定孩子的包容和友爱之心，并不代表让孩子委屈自己。当孩子因为朋友的错误而被家长误解时，家长可以这样说：“我知道你很善良，是希望朋友能好好的，对吗？”接着，引导孩子说出自己的真实感受，例如：“你觉得朋友这样做对吗？你心里是怎么想的呢？”

教孩子明辨是非，是让孩子不因对方是朋友就模糊了对错的界限，进而对朋友无限包容。可以通过讲故事、角色扮演等方式，引导孩子思考如何处理类似问题。

在教孩子引导朋友改正错误时，需要告诉孩子不能过于粗暴，可以用温和而坚定的语气告诉朋友：“这样做不对，我希望你能改正。”

高情商父母都这样夸孩子

1. 你对妈妈的支持和理解，让妈妈感觉好温暖。

2. 你知道朋友有不足和缺点，还愿意和他玩，这点很难得。
3. 你能够容忍朋友的小错误，这体现了你的包容心。
4. 你能够接纳朋友的不同，这点会让你们的友谊长存的。
5. 你接受了朋友的缺点，还愿意帮助他们成长，这才是真正的友谊。
6. 你能够理解朋友，对他的迟到没有追究，这是包容心的体现。
7. 你能包容朋友的缺点，这点对交友来讲非常难得。
8. 你能接纳朋友的缺点，这种包容心真的很了不起。
9. 你能理解每个人都是不同的个体，有不同的想法，这种见解真让人敬佩。
10. 你的包容心让朋友感到温暖，你真是个值得交往的朋友。
11. 你能够体谅朋友的感受，没有计较他的错误，这种包容的品质非常难得。
12. 你总能从朋友的身上看到优秀的品质，这种能力非常宝贵。
13. 你的包容心会让朋友与你相处时感到舒服。
14. 虽然朋友有缺点，但你依然愿意倾听他的心声，并给他鼓励，你做得很好。
15. 你用实际行动证明了什么是真正的包容。
16. 你对待朋友的包容态度就像阳光一样，无论何时都能带给大家温暖。
17. 你没有因为朋友指出你的缺点而生气，而是做了改正，你做得很好。
18. 你明知道鹏鹏的缺点，还愿意和他做朋友，你很棒。
19. 你的言行彰显了你的包容，相信朋友们都愿意信赖你。
20. 你的大度和包容，让你成了大家的好朋友。
21. 你总能看到事物的美好面，这种品质非常难得。

22. 你的包容让你与朋友间的友谊变得更加牢固，你做得很好。
23. 你的包容让身边人也学会了不计较，妈妈为你骄傲。
24. 你能够不计较朋友的冒犯，还能发现他身上的闪光点，这种能力很难得。
25. 你的宽容和大度，让大家更愿意靠近你。
26. 你能够以积极的眼光看待朋友的不完美，这种品质值得学习。
27. 你能够成为团队的灵魂，这与你对朋友的包容和理解分不开。
28. 你总是那么善解人意，让人与你相处总觉得很舒服。
29. 你能够接纳朋友的不完美，始终与他做朋友，这非常宝贵。
30. 你的大度和善良体现了你的包容和对朋友的珍视。
31. 你能够理解和支持朋友，朋友一定在感激你。
32. 你带着包容心交朋友的态度，非常值得肯定。

贴心叮咛

每个人都有缺点和不足，家长应该让孩子及早明白这点，这也是让孩子学会理解和宽容的关键。

引导孩子学会倾听，夸孩子不乱插嘴

情景案例

在与人交流中，孩子往往不懂得倾听他人说话，不是表现得不耐烦，就是注意力不集中，左顾右盼等。面对这种情况，家长要引导孩子学会倾听。

案例分析

在倾听他人的过程中，孩子能够站在他人的角度思考问题，理解他人的感受和需求，这对孩子的情感发展至关重要。

家长可以通过夸奖的方式更好地促进孩子这一品质的发展。以下三种夸奖方式，家长可以借鉴。

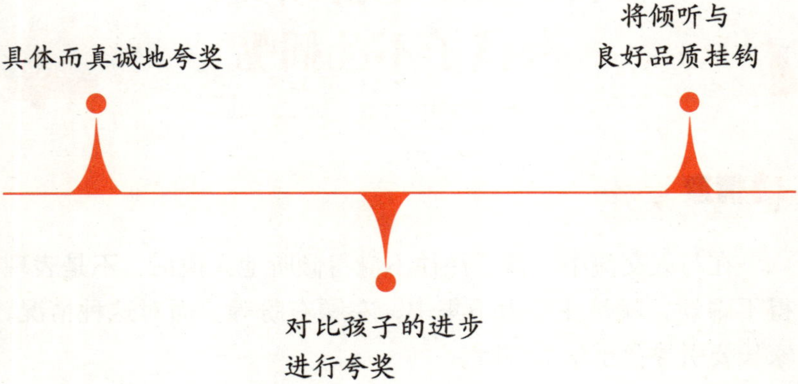

具体而真诚地夸奖，可以这样说："宝贝，今天叔叔跟你说话的时候，你一直专注地听他讲，还适时地给出回应，这特别棒。"明确指出孩子具体的倾听行为，让孩子知道自己哪些举动是正确的。

将倾听与良好品质挂钩，可以这样说："你这么会倾听，说明你很善良、有耐心，懂得尊重别人。"让孩子明白倾听不仅仅是一种行为，更是一种美德。

对比孩子的进步进行夸奖，可以这么说："你比以前更会倾听了，以前可能会走神，现在能这么专注，真是成长了。"强调孩子的努力和成长，增强他们的自信心。

高情商父母都这样夸孩子

1. 你专注听别人讲话的样子，真的很美。

2. 你能准确地捕捉到别人要表达的意思，妈妈很欣慰。

3. 别人说话时，你不乱插嘴，而是认真倾听，这是一种难得的能力。
4. 你耐心的倾听是对对方最大的尊重，妈妈很喜欢你愿意倾听。
5. 倾听是一种支持，朋友和妈妈都愿意跟你倾诉。
6. 你是一个非常出色的倾听者，你的朋友一定愿意跟你聊天。
7. 你总是可以耐心地听别人说话，真是个难得的好朋友！
8. 你认真倾听的样子，让妈妈看到了你对朋友的理解和关心。
9. 朋友们都愿意向你倾诉，这都是你善于倾听的原因。
10. 你让朋友感到他的话被你重视，更愿意和你聊天，这非常宝贵。
11. 你愿意倾听的态度总能让人感到安心，大家都愿意向你敞开心扉。
12. 你有那么多作业，但还是愿意静下心倾听对方，真的很棒。
13. 别人说话时，你不乱插嘴，这是对对方尊重的表现。
14. 你懂得在恰当的时候保持沉默，真的很难得。
15. 你懂得倾听，这是对朋友最大的尊重。
16. 你总能倾听朋友的诉说，他们有你这样的朋友真的很幸运。
17. 你从对方的言语中能够听出言外之意，很厉害！
18. 在和对方聊天时，你总能恰到好处地给予对方回应，这是你善于倾听的结果。
19. 你的耐心倾听让朋友愿意倾诉自己的想法。
20. 你总能专注地听对方说话，这样的朋友谁都愿意结交。
21. 你能够在对方的话语中听出他的真实需求，这是善于倾听的体现。
22. 在对方滔滔不绝时，你没有插话，而是给予了倾听，实在了不起。

23. 你耐心听着朋友的倾诉，还不时地安慰她，这会让她感到很温暖。
24. 你让朋友感觉自己很重要、被重视。
25. 你适时保持了沉默，倾听了朋友的倾诉，你做得很好。
26. 你每一次的倾听都体现了你对朋友的尊重。
27. 倾听别人诉说，这是人际交往中不可或缺的环节。
28. 善于倾听的你总能迅速地捕捉到对方的真实情绪，很了不起。
29. 学会倾听让交流有意义，你做到了，非常棒！
30. 通过倾听，你给朋友提出了有效的建议，你太棒了，宝贝！
31. 你善于用心去听，这让你更加被人信任。
32. 你听懂了朋友话语背后的真实感受，真的很棒。

贴心叮咛

可以让孩子听一些不同的观点和故事，帮助孩子拓宽视野，丰富孩子的内心世界，提升孩子的认知。

引导孩子学会关心他人，夸孩子看重友情

情景案例

生活中，不少孩子不懂得关心他人，面对家人、同学或朋友的不舒服、情绪低落等状态，表现出冷漠和自私的一面。面对孩子的这种情况，家长需要及时引导孩子学会关心他人，让孩子真正理解关心他人的意义，并且通过夸奖等方式鼓励孩子多关心他人。

案例分析

引导孩子学会关心他人，家长可以从以下几方面入手：

和孩子谈谈感受，让孩子产生同理心

和孩子一起选择一种关心同学的方式

让孩子明白，关心他人是一种美德

在让孩子产生同理心时，可以问问孩子：“你看到同学生病了，心里是什么感觉呢？如果生病的人是你，你希望同学怎么对待你呢？”通过换位思考，孩子更容易理解患病同学的感受，也更能体会到关心他人的重要性。

在和孩子一起选择合适的关心同学的方式时，除了鼓励孩子送上祝福和礼物外，还可以鼓励孩子和同学聊聊天，让孩子给同学讲讲学校里的趣事，甚至可以和同学一起玩一些轻松的游戏，帮助同学暂时忘记病痛，感受快乐。

最重要的是，要让孩子明白，关心他人是一种态度，更是一种美德。当孩子学会关心他人时，家长要及时对孩子的这种行为给予肯定和夸奖。

高情商父母都这样夸孩子

1. 你亲手为生病的同学做了小星星，看得出来，你很珍视与同学的友谊。
2. 你给同学做的手工礼物，一定会让他非常开心的。
3. 你送的手工小礼物，倾注了你对同学的友谊，相信她会非常珍惜的。

4. 你的每一句“加油”，都是在给同学打气，相信他会有更大的勇气面对病痛的。
5. 你给朋友带了他最喜欢的零食，你真细心。
6. 你给病床上的同学带去了他喜欢的水果，真是好孩子。
7. 贺卡上的太阳花真好看，朋友看到后一定会忘记伤痛的。
8. 你特意带了朋友喜欢的小说，使她度过了难熬的住院时间，真是贴心！
9. 你每天放学都去看望生病的朋友，这份心意比什么都重要。
10. 你为朋友带去的彩色气球一定会让她心情大好。
11. 你愿意花时间陪伴病床上的同学，让同学有了面对病痛的勇气。
12. 你总能设身处地地为他人着想，这种品质非常宝贵。
13. 你及时发现了同学的不舒服，并关心照顾他，真棒！
14. 你为同学做的“早日康复”卡片，会让他感受到你的关心的。
15. 你能主动帮同学补课，同学会感谢你的。
16. 你能把最喜欢的书分享给病床上的同学，让她从中获得对抗病痛的力量，你做得很好。
17. 你去探望生病的同学，同学会感受到你的关心的。
18. 你主动帮生病的朋友补课，真是贴心的朋友。
19. 你为菲菲做了“加油”卡片，她看后肯定会充满力量的。
20. 你总能在朋友最需要的时候出现，真是值得信赖的朋友。
21. 你每天都录视频为朋友加油打气，朋友肯定对康复充满了信心。
22. 你送给同学的手工折纸鹤承载了你满满的祝福，同学一定会非常珍惜的。
23. 你每天都将学校趣闻分享给生病的同学，这种对同学的关心值得鼓励。

24. 你对同学的关心，会让同学觉得温暖的，妈妈支持你。
25. 你真诚关心同学的这份情谊，同学会非常珍惜的。
26. 你关心同学的行为非常值得称赞。
27. 你这么懂得关心他人，真是了不起。
28. 你为病床上的同学做的每一件事，都会让他倍感温暖。
29. 你懂得问候同学，这是关心同学的表现，值得称赞。
30. 你及时注意到了同学的不舒服状态，并主动向他提供了帮助，这种行为值得鼓励。
31. 你每天都会和同学打电话，让他感觉不孤单，真的很暖心。
32. 你给同学分享你的笔记，不让他在病床上落下功课，妈妈为你们的友谊点赞。

贴心叮咛

懂得关心他人的孩子，更容易获得友谊和尊重，在与人交往中更加自信、乐观，也更懂得感恩和珍惜。

鼓励孩子守时，夸孩子准时参加活动，重承诺

情景案例

家长都希望自己的孩子能够重视承诺，守时守信，但是不少孩子常常会因为一些原因，忘记与朋友、同学的约定。在面对孩子这种情况时，家长要积极引导，鼓励孩子重视承诺，成为守时守信的好孩子。

案例分析

面对孩子违背约定的情况，家长可以通过夸奖的方式鼓励

孩子遵守约定，做到守时守信。夸奖时要注意以下几点：

1. 肯定孩子的行为
2. 点明行为背后的品质——守信
3. 夸奖孩子在活动中的积极表现

在夸孩子时，一定要让孩子感受到守时守信、遵守承诺的重要性。比如，孩子按时参加了朋友的聚会，可以这样说：“宝贝，你今天能准时赴约，说明你是一个很守信用的孩子，妈妈为你感到骄傲！”在这句夸奖中，家长不仅肯定了孩子的行为，更点明了行为背后的品质——守信用。孩子明白了这一点，就会更加珍视自己的承诺，也会更加努力地去维护它。

夸奖孩子在活动中的积极表现，强化孩子重视承诺的意识。比如，孩子在聚会上和朋友们玩得很开心，家长可以说：“宝贝，你今天和朋友们玩得真开心，看来你很享受和大家在一起的时光，妈妈相信你下次也会准时赴约的！”这样，家长将“按时赴约”和“享受快乐”联系在了一起，让孩子更加期待下一次的聚会，更加愿意遵守承诺。

高情商父母都这样夸孩子

1. 每次和朋友约定之后，你都能准时赴约，这种品质非常宝贵。
2. 和朋友约定后，你早早就做好了准备，并准时到了约定地点，这种守时的品质非常值得赞扬。

3. 你能准时参加朋友的聚会，朋友一定很高兴。
4. 能够准时赴约，表明你是重承诺、值得信赖的朋友。
5. 每次和朋友聚会，你都能提前到达，朋友们一定很喜欢这样的你。
6. 妈妈看到了你对友谊的重视，因为你很守时。
7. 答应别人的事按时做完了，你做得很好！
8. 按时赴约是重承诺的表现，你做得很好，宝贝！
9. 你非常重视和朋友的约定，这是个非常好的习惯。
10. 按时赴约，是尊重别人的表现。
11. 你每次都能按时赴约，这点让妈妈很欣慰。
12. 每次都能准时参加聚会，体现了你对朋友的尊重，朋友们都喜欢这样的你。
13. 说好每天只看半小时手机，到时间你能主动放下，真是好孩子。
14. 你从不迟到，这种守时的态度值得鼓励。
15. 能够遵守约定，表明你是一个让人信赖的朋友。
16. 你能准时赴约，表明你很看重与同学间的友情。
17. 你对同学承诺的重视，让我看到了更为成熟的你。
18. 能够按时赴约，体现了你良好的时间观念。
19. 看到你那么守时，妈妈很欣慰。
20. 你总是重承诺、守信用，让爸爸妈妈很放心。
21. 你守时，朋友们都会觉得你是个可靠的人。
22. 守时是一种美德，你具备这种品质。
23. 准时赴约，就是给朋友的最好礼物，你做得很好，宝贝。
24. 你能够遵守与朋友的约定，表明你很讲信用。
25. 按时赴约的你是最值得信赖的。

26. 能够做到按时赴约，证明你有时间观念，具备时间管理能力。
27. 能够按时参加聚会，这也是你重视朋友的表现。
28. 你对这次聚会的认真态度，让我看到了你对友谊的重视。
29. 按时赴约，你做到了，宝贝。
30. 你守时可靠，朋友们都会信任你的。
31. 你守时守信，懂得珍惜，这是非常难得的品质。
32. 你对这次聚会的重视以及守时的态度，让妈妈看到了你的成长。

贴心叮咛

家长要引导孩子讲信用，负责任，答应别人的事要按时做到，若通过努力，最终没能做到，要向对方诚恳说明原因，表示歉意。同时要告诉孩子在答应别人之前，要经过慎重考虑，看自己是不是有能力做到，如果不能做到，就不要轻易答应。

引导孩子学会换位思考，夸孩子懂得考虑他人感受

情景案例

一些孩子在与朋友交往时，往往只关注自己的需求，忽略朋友的感受。比如，在玩游戏时，一心只想着自己赢，不顾及朋友是否失落难过。面对孩子的这种情况，家长要引导孩子学会换位思考，懂得顾及他人感受。

案例分析

家长夸孩子懂得换位思考，不仅是对孩子良好行为的认

可，更是对孩子社交的一种鼓励。这种方式有助于培养孩子的同理心和社会适应能力。不过，家长的夸奖要注重方式方法。

01 指出孩子的具体行为，强调孩子行为背后换位思考的价值观

02 通过日常小事来教育孩子学会换位思考，并让孩子感受到换位思考带来的双赢效果

03 帮助孩子建立积极的自我形象，增强孩子的自信心

比如："轩轩，我看到你主动把自己的玩具借给小明玩，这说明你很在意他的感受。你能够站在他的角度思考问题，真是一个善解人意的好孩子。"这样的夸奖不仅具体，还让孩子懂得了关心他人和换位思考的重要性。

"你看，当你帮助弟弟穿鞋的时候，他很开心，你也觉得很快乐吧？这就是关注他人感受的美好之处。"这样的夸奖便能让孩子明白，关注他人的感受可以带来双赢的结果。

高情商父母都这样夸孩子

1. 每次做决定时，你都会顾及我们的感受，这是懂得换位思考的表现。
2. 你能站在爸爸妈妈的角度思考问题，爸爸妈妈感谢你。
3. 宝贝，你能够顾及朋友，降低游戏难度，这点真的值得鼓励。

4. 你知道聪聪喜欢那本漫画书，主动借给她看，你真棒。
5. 朋友碰了你，但他不是故意的，你选择了宽容，做得对。
6. 你能考虑到朋友的心情，主动做了退让，这点实在了不起。
7. 你在游戏中照顾了同学的感受，真的很不错。
8. 妈妈发现你很照顾朋友的感受，这点非常了不起。
9. 你能够理解朋友的难处并给予帮助，这种为朋友考虑的做法真的让人感动。
10. 宝贝，你总是能为他人着想，这种品质非常难得。
11. 看到朋友不开心你会主动去安慰，真是个善解人意的孩子。
12. 你知道朋友因住得远而迟到后，你没有怪他，还安慰他，真是懂得考虑他人感受的孩子。
13. 你知道朋友喜欢滑冰，就选择了和他一起滑冰，这种考虑他人感受的品质很棒。
14. 你能够倾听朋友的观点，不固执己见，这点非常值得鼓励。
15. 你能根据朋友的时间，调整自己的计划，很懂得为他人着想。
16. 你感受到了朋友的紧张，给他送上了释压的拥抱，真的让人温暖。
17. 宝贝，你能够照顾朋友的感受，真的很体贴。
18. 朋友跟不上你的游戏节奏，你愿意停下来等他，你很会照顾朋友的情绪。
19. 你看到朋友累了，能够主动提议休息，这种为他人着想的品质真的很宝贵。
20. 朋友不舒服，你能安静地守护在他身边，真不错。
21. 你能够理解朋友的难处，懂得为朋友考虑，这份情谊让人羡慕。

22. 你根据朋友的喜好为他选了礼物，这份心意很难得。
23. 你懂得朋友的担忧，并为他分忧，这份情谊很难得。
24. 你在同学生病感到孤独时给了他陪伴，真的很有心。
25. 你考虑到了朋友的特殊情况，尽量注意言辞，这点非常难得。
26. 你感受到了朋友的尴尬，并巧妙进行了化解，真了不起。
27. 你深知朋友的努力，并给予了鼓励，这份鼓励会让朋友充满力量。
28. 面对同学的难处，你能及时提供帮助，妈妈为你点赞。
29. 看到同学难过，你能关心安慰，并给予默默的陪伴，很棒。
30. 同学不小心踩到了你的白鞋子，你选择了原谅，这份大度让人佩服。
31. 你能体会到朋友的压力，并给予支持，真的很贴心。
32. 宝贝，你给朋友及时送上了鼓励，真的很棒。

贴心叮咛

家长的恰当夸奖，不仅可以激励孩子继续保持良好的行为习惯，还能有效地促进孩子情感智力的发展，为孩子未来的人际交往打下坚实的基础。

第六章 夸出感恩好孩子

培养孩子的感恩心，夸孩子懂得为父母着想

情景案例

生活中，孩子缺乏感恩的情况较为常见，比如将家长的付出看作是理所当然的，不知道去回应父母的爱。面对孩子不懂感恩的情况，家长要及时引导，以免孩子变得自私冷漠，影响他们的人际关系和人格发展。

案例分析

孩子不懂感恩，与家长有很大关系，具体有以下几点

原因：

过于为孩子操劳

孩子的所有事务，家长包办，这样的孩子很容易不懂感恩

总是不求回报

家长一味付出，不求回报，让孩子觉得家长做的一切都是应该的，会无限索取

过于溺爱孩子

孩子想要什么都满足，这样做只会让孩子觉得这就是父母应该做的

想让孩子发自内心地孝顺父母，家长可以通过夸奖来实现，不过夸奖时，要让孩子明白自己的哪些行为是好的，是值得继续保持的。比如，当孩子帮家长倒水时，可以说："宝贝，谢谢你帮我倒水，你真是越来越体贴了，妈妈（爸爸）心里暖暖的！"这样，孩子就能清楚地知道，他的行为让我们感到开心和温暖，他会更有动力去做类似的事情。

同时要引导孩子学会换位思考，让他明白爱不是单方面的付出，而是双向的情感互动。

高情商父母都这样夸孩子

1. 你一直记得妈妈的生日，还精心为妈妈准备礼物，妈妈真的好感动。
2. 你懂得爸爸妈妈的辛苦，爸爸妈妈有你很幸福。
3. 每次听到你对妈妈说"我爱你"，妈妈都觉得好幸福。
4. 你为家里带来了那么多欢笑，让爸爸妈妈一天的疲劳都消散了。

5. 在节日里，你总会给爸爸妈妈准备惊喜，真是孝顺的好孩子。
6. 你知道妈妈辛苦，主动帮妈妈做家务，真是妈妈的贴心小棉袄。
7. 宝贝，看到你孝顺爷爷奶奶的样子，爸爸妈妈心里别提多高兴了。
8. 你知道妈妈很累，主动给妈妈倒水，让妈妈感觉好幸福。
9. 你能给爸爸捶背，让爸爸感觉所有疲惫都消散了。
10. 你每次吃饭前都要向做饭的妈妈表达感谢，真是懂得感恩的宝贝。
11. 你用自己的零花钱买花庆祝妈妈生日，真是有心。
12. 妈妈疲惫时，你会给妈妈一个拥抱，妈妈觉得好幸福。
13. 你愿意帮妈妈照顾弟弟，妈妈好幸福。
14. 你愿意教妹妹如何整理房间，真是个负责任的好姐姐。
15. 你每周都会给姥爷姥姥打电话问候他们，他们都夸你懂事呢。
16. 你看到了妈妈的伤心，并且给了妈妈温暖的拥抱，妈妈伤心的感觉立刻就没有了，妈妈爱你。
17. 爸爸遇到困难后，你会给爸爸加油打气，有你真好。
18. 你知道妈妈辛苦，主动要求洗碗，妈妈觉得特别幸福。
19. 宝贝，你懂得爸爸的累，知道帮爸爸端洗脚水，爸爸很开心。
20. 你知道给妈妈倒水、拿药，妈妈觉得病痛减轻了很多。
21. 爸爸每次出差回来，你都会到小区门口接爸爸，爸爸好幸福。
22. 每次你想做什么，都会提前告诉妈妈，这点让妈妈感到很安心。
23. 劳累了一天，你给我捏肩膀，爸爸觉得好幸福。

24. 每次放假，你都能给妈妈讲学校里发生的事，妈妈听着你的分享觉得好幸福。
25. 你愿意在周末跟爸爸妈妈一起散步，爸爸妈妈特别开心。
26. 你负责照顾家里的花草，帮妈妈减轻了负担。
27. 宝贝，在妈妈需要帮助时，你总能及时帮到妈妈，你真的好懂事。
28. 你竟学会为爸爸妈妈准备早餐了！爸爸妈妈的宝贝女儿长大了！
29. 你知道送卡片向妈妈表达爱意，妈妈感到好幸福。
30. 知道给爸爸准备热茶，你真贴心，爸爸加班都不觉得累了。
31. 看到妈妈难过，你懂得安慰妈妈，妈妈感到好温暖。
32. 你给爷爷准备的手工生日礼物，他非常喜欢，真是孝顺的孩子。

贴心叮咛

家长可以和孩子分享自己小时候的事，让孩子知道父母是如何照顾爷爷奶奶、外公外婆的，以及父母是如何让他们感受到来自晚辈的爱和关心的。通过这种方式，孩子能够站在父母的角度思考问题，更容易理解孝顺的意义。

培养孩子的家庭责任感，夸孩子懂得照顾弟弟妹妹

情景案例

在多孩家庭中，有些孩子在弟弟妹妹玩自己的玩具时，会毫不犹豫地抢回，完全不顾及弟弟妹妹的感受；当弟弟妹妹需要帮助时，他们装作没看见，继续沉浸在自己的世界里；在和弟弟妹妹一起玩耍时，只以自己的乐趣为中心，丝毫不考虑弟弟妹妹的需求。如果家长此时对孩子的这些行为不加以重视，没有真正引导孩子去关心他人，很可能会让孩子更加觉得自己无须关心他人，进而影响他们的责任感和爱心的发展，无法培养孩子爱护家人的品质。

案例分析

在多孩家庭里，最让父母头疼的难题之一，恐怕就是大宝

对小宝的“敌意”了。孩子之所以有这样的表现，归根结底还是因为他们缺乏安全感，害怕爸爸妈妈的爱被抢走。所以，父母在不减少对大宝的爱的同时，还得多从言语上鼓励大宝爱护弟弟妹妹，让大宝发自内心地接受小宝，培养孩子的家庭责任感。可以通过夸奖的方式来鼓励孩子，夸奖时要注意以下几点：

夸奖孩子照顾弟弟妹妹的积极行为，也可以关注到孩子的情绪和感受，比如：“你看到弟弟（妹妹）哭了，就主动去安慰他，真是个善良又温暖的孩子！”

引导孩子发现自身成长，可以这样说：“你现在已经是哥哥（姐姐）了，主动学着照顾弟弟妹妹，做妈妈的小帮手，你做得很好，妈妈爱你！”让孩子获得爸爸妈妈的认可。

除了语言上的夸奖，还可以用行动来表达对孩子的爱，比如给孩子一个拥抱，或者亲吻孩子的额头等，让孩子感受到父母对他的爱。

高情商父母都这样夸孩子

1. 你真是个负责的好姐姐，总是那么细心地看护弟弟。

2. 弟弟哭了，你第一时间就去安慰，真是个好姐姐。
3. 你让弟弟学到了很多，你已经是弟弟的小老师了。
4. 你哄弟弟睡觉的样子真像个小大人，你让妈妈感觉好幸福。
5. 你把弟弟照顾得那么开心，妈妈也很开心，辛苦你了。
6. 你会喂妹妹喝水、喝奶，真是个好哥哥。
7. 你总是将妹妹的安全放在第一位，真是个好哥哥。
8. 妈妈刚刚看到你帮弟弟整理玩具箱了，你都会照顾弟弟了。
9. 你愿意耐心陪弟弟玩耍，让妈妈好欣慰。
10. 你教会了妹妹很多安全知识，真是个称职的哥哥。
11. 你看妹妹一脸崇拜地看着你的样子，就知道你有多疼妹妹了。
12. 你为妹妹准备的礼物，让她太开心了，妈妈也要谢谢你。
13. 看到妹妹哭，你总能想到办法哄她笑，你真棒。
14. 你照顾弟弟时总能让他大笑，妈妈都佩服你。
15. 你对弟弟的陪伴让弟弟很幸福，爸爸妈妈也感到幸福。
16. 你教妹妹写字的样子，真像个小老师。
17. 你做姐姐做得很称职，妈妈为有你这样的孩子而骄傲。
18. 你愿意主动照顾弟弟，让妈妈感到欣慰。
19. 你和弟弟一起解决问题时，让妈妈看到了你们兄弟间的合作能力。
20. 妈妈看到你保护了弟弟，你真的是个好哥哥。
21. 大宝真棒，能够把弟弟看护得那么好，已经是妈妈的小助手了。
22. 你为妹妹做的每件事都充满了对妹妹的爱，妈妈爱你们。
23. 你总是那么耐心地带妹妹，真让人佩服。
24. 你耐心教妹妹吃饭的样子让妈妈感动。
25. 你教弟弟学习新技能时，弟弟满眼都是对你的敬佩。

26. 你总是能在弟弟需要帮助时及时出现，你就是他的英雄。
27. 从你照顾弟弟的过程中，妈妈看到了你对弟弟的爱。
28. 你给了弟弟安全感，这种感觉比任何东西都宝贵。
29. 你为弟弟做的每件事，都体现了你作为哥哥的责任感。
30. 你是弟弟的好榜样，真的很棒。
31. 你调节弟弟妹妹争执时的样子，真的很有大姐的风范。
32. 你带弟弟的细心和耐心，让妈妈感动，真是妈妈的好帮手。

贴心叮咛

家长可以在妈妈怀孕期间就告诉孩子，有个弟弟或妹妹要到来，又多了一个爱他的人，并且让孩子参与到起名、布置房间、挑选衣物等活动中来。

让孩子爱上劳动，夸孩子会做家务

情景案例

日常生活中，很多孩子不做家务：地板脏了，完全无视；家人打扫卫生时，只顾自己玩耍；自己的房间乱成一团，也不主动整理，任由物品杂乱摆放……面对这种情况，家长要积极引导，让孩子参与到家务劳动中来，否则会让孩子变得懒惰和缺乏自理能力。

案例分析

孩子不爱做家务，可能与以下几方面有关：

● 缺乏责任感

因受父母呵护，缺乏为家庭付出的意识，孩子会觉得自己无须承担家务

● 错误的价值观

有些孩子认为家务就是父母的事情，与自己无关

● 家长的错误教育

溺爱孩子，舍不得让孩子做家务，孩子自己该做的事家长也要插一手，甚至有些家长蔑视劳动

● 学习生活忙碌

孩子学习压力较大，课余时间也被各种补习班、兴趣班占据，没有时间做家务

改变孩子不爱做家务的习惯也不难，家长可以通过激励的言辞和态度让孩子形成积极的劳动观念，让孩子感受到成就感，培养他们对劳动的热爱，促进他们良好习惯的养成。

当家长看见孩子主动打扫自己的房间时，可以说："你今天把房间打扫得真干净，地板都闪闪发光了！""我看到你花了很长时间把那些书本按照品类摆好，你一定很认真地在思考和尝试，这种做事认真、善于思考的态度真是太厉害了。"这样的夸奖让孩子明白，他们的努力被看到了，并且这种行为是值得被肯定的。

高情商父母都这样夸孩子

1. 宝贝，你把窗户擦得真干净。
2. 你帮妈妈择菜、洗菜的过程好细心。

3. 宝贝，你把绿植照顾得真好啊。
4. 你帮妈妈把地板擦得锃亮，在闪闪发光呢。
5. 书桌被你擦得真干净，一点儿灰尘都没了。
6. 地板被你擦得这么干净，真是妈妈的好帮手。
7. 你扫的地真干净，一根头发都看不见了。
8. 你洗碗时认真的样子，简直太美了。
9. 你洗的衣服真干净，比洗衣机洗得干净多了。
10. 你帮妈妈买的菜非常新鲜，你很会挑选蔬菜。
11. 你把自行车擦得锃亮，像新的一样。
12. 你总是将房间收拾得干净、整洁，真是爱劳动的好孩子。
13. 多亏了你帮忙，要不然妈妈一整天都打扫不完。
14. 你收拾的房间真漂亮，妈妈都爱上你的房间了。
15. 你主动帮妈妈做家务，妈妈有你真幸福！
16. 你把鞋子刷得好干净，真棒！
17. 乱丢的鞋子被你摆放整齐后，整个房间都变得清爽整洁了。
18. 你打扫了一遍后，整个房间都显得更明亮宽敞了。
19. 你把衣柜整理得很整齐，让每件衣服都有了它的家。
20. 你收拾房间时不仅速度快，还干净，真的好厉害。
21. 你学会了做饭，而且味道还很好，真棒！
22. 晾衣服时，你不忘将它们理顺，真是勤快、细心的孩子！
23. 你把餐桌擦得真干净，让饭菜都显得更香甜了。
24. 你把床铺收拾得真平整，真是会收拾、爱整洁的姑娘。
25. 你很会收纳整理，妈妈也要向你学习。
26. 有你帮妈妈收拾厨房，妈妈可以早点儿休息了，谢谢你。
27. 你叠的毛巾好平整，妈妈都舍不得打开用了。

28. 宝贝，是你的辛苦付出让家里更干净、明亮了，妈妈爱你。

29. 那么乱的房间，你很快就收拾好了，真是又勤快又有效率。

30. 你学会了自己换床品，妈妈真为你高兴。

31. 你能帮妈妈主动收拾碗筷，并洗刷干净，妈妈感觉好幸福。

32. 你把整个房间布置得好温馨，妈妈感谢你，宝贝。

贴心叮咛

在夸奖孩子时加入情感元素，让孩子感受到父母的爱和感激。例如："看到你这么细心地照顾家里的植物，妈妈真的很感动。你对家里的贡献让我们每个人都感到幸福。"这样能够让孩子感觉到自己的行为对家庭的重要性，增强孩子的归属感。

培养热爱家庭的孩子，夸孩子懂得与家人分享

情景案例

有些孩子不懂得与家人分享自己在学校、生活中遇到的趣事、快乐等，也不会和家长分享任何不开心、悲伤等情绪，只是一个人默默经历。面对这种情况，可以引导孩子多与家长交流沟通，培养孩子的沟通能力，同时引导孩子热爱家庭，帮助孩子建立家庭责任感。

案例分析

当孩子表现出爱分享、顾家这些好品质时，家长要及时给

予夸奖和赞扬。但在夸奖时需要注意以下两点：

1 将自己的感受融入夸奖中，让孩子感受到他为我们带来的积极影响

2 分享不止在家中，还要引导孩子将分享的范围扩大到家庭之外

家长夸奖孩子懂得分享快乐、热爱家庭，不仅是对孩子良好行为的一种肯定，也是家庭教育中培养孩子情感健康和社会技能的重要组成部分。正确的夸奖方式能够帮助孩子建立自信，增强其正面的社会互动能力，同时也加深了家庭成员之间的情感联系。

家长将自己的感受融入对孩子的夸奖中，不仅可以让孩子感受到家长的爱意，也可以让他们明白自己的行为能为他人的情绪带来积极的影响。举个例子，当孩子兴高采烈地和你分享学校里发生的趣事时，不要只简单地说"真棒！"可以这样说："宝贝，你和妈妈分享，妈妈也感受到了你的快乐，你真是个热爱家庭的好孩子！"

引导孩子多和同伴、朋友、同学等分享，这样有助于孩子学会与他人建立良好的关系。

高情商父母都这样夸孩子

1. 你在和弟弟分享你的成长经验时，弟弟满脸都是对你的崇拜。
2. 你将咱们整个家布置得好温馨，妈妈爱你。

3. 你快乐的笑声让我们全家人都感到了幸福，爸爸妈妈爱你。
4. 谢谢你愿意和妈妈分享你的心理感受，妈妈爱你。
5. 你愿意将你的快乐分享给我们，让整个家都充满了温馨，有你真好。
6. 不管考得好还是不好，你都愿意第一时间和妈妈分享你的成绩和感受，妈妈感到很开心。
7. 你这次进步非常明显，妈妈能从你的言语中感受到开心，妈妈也为你高兴。
8. 听你讲学校的趣事总能让妈妈心情愉快，谢谢宝贝带给妈妈的快乐。
9. 谢谢你第一时间和我们分享你成功的喜悦，我们为你感到骄傲。
10. 你愿意把你的小秘密和妈妈分享，妈妈谢谢你的信任。
11. 你总是愿意跟妈妈说你的感受，让妈妈觉得我们就像朋友一样，相处特别舒服。
12. 你愿意和妈妈分享你的烦恼，妈妈很高兴。
13. 你愿意把你的小成就分享给我们，让我们第一时间为你高兴，谢谢你。
14. 你愿意和我们一起分享阅读心得，让我们也能受益，真好。
15. 你愿意和妈妈分享你在学校的表现，妈妈真高兴。
16. 你总能和我分享学校的趣事，这种感觉真好。
17. 妈妈从你分享给我的绘画作品中感受到了生活的美好。
18. 你总能发现生活中的美好，并且愿意将这份快乐传递给爸爸妈妈，谢谢你。
19. 宝贝，你对家庭的热爱让爸爸妈妈感到特别有成就感。
20. 你愿意和我们分享梦想，我们很欣慰，我们会支持你的。

21. 你愿意和我们分享你的进步喜悦，真的让爸爸妈妈很开心。
22. 你笑的样子太美了，你让我们的家变得更和谐了，谢谢你。
23. 你能将不开心的原因告诉妈妈，妈妈很欣慰，也理解你当时的心情。
24. 懂得分享的你，让爸爸妈妈都感受到了温暖和快乐。
25. 你真是个懂得分享的好孩子，妈妈为你感到骄傲。
26. 你的科学实验太有趣了，谢谢你愿意跟我们分享你实验的整个过程。
27. 你愿意跟妈妈分享你的秘密，说明你信任妈妈，妈妈很开心。
28. 继续保持分享的精神，你的世界将会越来越美好。
29. 你对饭菜的喜欢，让妈妈感受到了你对家庭和爸爸妈妈的爱。
30. 感谢你，让爸爸妈妈从你的分享中受到了启发。
31. 从你的分享中，爸爸妈妈感受到了运动带给你的快乐，我们也要一起加入。
32. 你给妈妈讲的学校趣闻好有意思啊。

贴心叮咛

家长要以身作则，积极与孩子分享自己的快乐，为孩子树立良好的榜样。比如，下班回家后，可以和孩子分享工作中发生的开心事，让孩子感受到家庭成员之间相互分享的快乐氛围。

帮父母减轻负担，夸孩子会帮家人分担

情景案例

很多时候，在父母忙碌一天回家后，孩子依然沉浸在自己的世界中，对父母的疲惫视而不见；当父母为家庭琐事烦恼时，孩子完全置身事外，觉得这些都与自己无关；即使看到父母身体不舒服，孩子也不会主动关心和照顾，依旧我行我素……面对孩子的这些情况，家长要及时引导他们了解父母的辛苦，让他们在能力范围内帮助父母减轻负担，帮他们建立起家庭责任感。

案例分析

分担家人的忧愁，对孩子来说，是一个培养家庭责任意识、理解家人的重要途径。家长可以从以下两点出发，学会恰当地夸奖孩子，让他们在承担家庭责任的同时，也能感受到成长的乐趣和成就。

1 多留意孩子在日常生活中主动分担家长忧愁的细微行为，及时给予表扬和夸奖

2 当孩子做出利于家庭的事情时，要及时给予鼓励和夸奖

当孩子开始主动整理自己的玩具，或者帮助家长做家务时，家长可以这样说："我注意到你昨天帮奶奶拿药，她腿脚不方便，你这样做让她很开心，也让我感到非常自豪。"让孩子知道他的行为被看到了，并且这种行为是受欢迎的。

当孩子做出有利于家庭的行为时，及时给予肯定，比如："你记得提醒妈妈关燃气，好细心啊！你的细心让我们更安全。"让孩子知道，他们的付出不仅仅是完成了某项任务，更重要的是有家庭责任意识。

高情商父母都这样夸孩子

1. 你能看到爸爸妈妈的不易，还帮忙做事，真是个好孩子。
2. 你能主动帮爸爸的忙，让爸爸感觉很幸福。
3. 你能帮爸爸妈妈做家务，爸爸妈妈感谢你。
4. 你的帮忙让妈妈少了不少烦恼，谢谢你。
5. 你长大了，能够帮家里做事了。
6. 宝贝太贴心了，知道帮妈妈分担压力了，妈妈真开心。
7. 你能耐心地帮妈妈看店，让妈妈觉得好踏实。
8. 你的帮忙让爸爸妈妈轻松了许多，谢谢你。

9. 你能看到爸爸妈妈的辛苦，知道主动帮忙，真是我们的好孩子！
10. 你能帮家里做事，让爸爸妈妈好幸福。
11. 你能帮忙照顾弟弟，将好吃的留给弟弟，真是妈妈的好孩子。
12. 你总能在爸爸妈妈需要的时候提供支持，爸爸妈妈爱你。
13. 你承担了大部分家务劳动，让爸爸妈妈觉得好幸福。
14. 你的独立让爸爸妈妈省了不少心，谢谢你。
15. 你可以帮家里做不少事儿了，这让爸爸妈妈充满了力量。
16. 你总在为爸爸妈妈分忧，真是个孝顺又有责任感的好孩子。
17. 你对爸爸妈妈的关心和支持比任何东西都宝贵。
18. 你帮爸爸妈妈做的每件事都是爱爸爸妈妈的表现。
19. 你会尽自己所能帮爸爸妈妈做事，真是爸爸妈妈的好孩子！
20. 你能够帮爸爸妈妈分担忧愁，爸爸妈妈真的感谢你。
21. 你会帮妈妈拿水果、倒水，真是贴心的宝贝。
22. 你把事情想得很周全，让爸爸妈妈省了不少心。
23. 你帮妈妈做了那么多事情，妈妈要谢谢你。
24. 虽然还做不好，但是你已经在尽力帮妈妈做了，你真棒。
25. 你对家庭的每一次付出，都赋予了爸爸妈妈更多的力量。
26. 你不仅学会了自理，还学会了如何帮助爸爸妈妈，真厉害。
27. 你现在做的每件事，都在证明你是一个值得爸爸妈妈信赖的人。
28. 你能帮爸爸妈妈分担忧愁，帮家里减轻负担，爸爸妈妈觉得好幸福。
29. 面对爸爸妈妈的压力，你会尽自己所能帮忙，爸爸妈妈感谢你。

30. 你知道家里遇到了困难，再也不随便买东西了，你这种对家庭的责任感难能可贵。
31. 爸爸身体不好，你能帮爸爸做康复，真的又孝顺又贴心。
32. 你愿意帮我们分担烦恼，让我们觉得很安心。

贴心叮咛

在夸奖孩子的家庭责任感时，家长要记得将孩子带来的情感慰藉表达出来。比如："当你帮我洗碗时，我觉得工作一天的疲惫都消散了，谢谢你给我的支持。"要让孩子觉得对家庭和父母的付出是值得的。

鼓励孩子勇敢表达爱，夸孩子善于表达爱意

情景案例

爱要大声说出来，也要勇敢表达出来。但是，很多孩子不会表达自己对父母的关心和爱意。孩子看到父母为自己辛苦付出，却只是默默接受，从不会说一句感谢或表达爱意的话；在与父母相处时，总是表现得很冷淡，不会主动给予关心和爱意；即使在特殊的日子里，也想不到用言语或行动来向家人表达自己的感情。此时家长就要引导孩子积极勇敢地表达对父母的爱，以培养孩子表达爱意的能力，让孩子善于表达情感。

案例分析

爱需要表达出来！从小鼓励孩子表达爱意，不仅能让他们更自信、更快乐，还能帮助他们建立良好的人际关系。对于不善于表达爱意的孩子，家长可以从以下两方面来引导：

引导孩子进行积极的自我暗示 让孩子明白：如果不勇敢表达爱，对方就可能不知道；向家人勇敢表达爱是一件很正常的事情；爱需要及时表达，不要等，否则可能会成遗憾。

家长从行动上引导孩子 在重要的节日，比如六一儿童节，或者孩子的生日时，家长可以精心准备孩子喜欢的礼物，营造仪式感，并向孩子表达爱意，让孩子感受到家长的爱，进而让孩子以同样的方式向家长表达爱。

当孩子对父母说“我爱你”，或者给父母一个拥抱时，父母可能会习惯性地说“宝贝真乖”，或者“妈妈也爱你”，但这其实是在用自己的感受回应孩子，而不是关注孩子的行为本身。要具体地描述孩子的行为，并表达你的感受。比如，你可以说：“宝贝，你主动拥抱妈妈，妈妈觉得好幸福呀！”或者说：“你对奶奶说‘辛苦了’，奶奶一定很开心，你真是个贴心的孩子！”要真诚地表达你的爱意！

高情商父母都这样夸孩子

1. 宝贝，你用画笔画出对妈妈的爱，这比任何语言都要生动。
2. 你送给妈妈的母亲节贺卡，妈妈一直珍藏着呢，谢谢你对妈妈的爱，宝贝。

3. 宝贝，你帮妈妈扫了地，帮妈妈减轻了负担，妈妈谢谢你。
4. 宝贝，你给妈妈的拥抱就是爱妈妈最好的证明。
5. 你每天晚上睡前都会给妈妈一个晚安吻，让妈妈觉得好幸福。
6. 你总是会用拥抱来表达对妈妈的爱，妈妈一天的疲劳都消散了。
7. 每次你给妈妈拥抱的时候，妈妈都能感觉到你满满的爱。
8. 宝贝，听到你说“妈妈，我爱你”，妈妈的心情马上就好了起来。
9. 宝贝，你为爸爸做的父亲节礼物真棒，爸爸感受到了你的爱。
10. 妈妈感受到了你的关心，妈妈心里好暖。
11. 你送给妈妈的花，让妈妈感受到了你满满的爱意。
12. 你总能用最温暖的方式表达对爸爸的爱，爸爸感觉好幸福。
13. 当你将那些充满爱的话语说给妈妈听时，妈妈别提有多幸福了。
14. 每次听到你说“我爱你，爸爸！”爸爸就浑身充满了力量。
15. 你写给爸爸的鼓励话语，让爸爸精神百倍，爸爸所有的烦恼都没了。
16. 你说给妈妈的“我爱你”，让妈妈感觉太幸福了。
17. 你在中秋节为爸爸妈妈精心准备的小礼物，让爸爸妈妈感受到了你深深的爱。
18. 宝贝，你用实际行动表达着对妈妈的爱，妈妈好感动。
19. 你为爷爷奶奶选的糕点，他们非常喜欢。
20. 你总是主动表达对爸爸妈妈的爱，有你这样的女儿，爸爸妈妈觉得好幸福。
21. 你为爸爸妈妈所做的一切，让爸爸妈妈感受到了你浓浓的爱，宝贝，爸爸妈妈也爱你。

22. 宝贝，你打电话对爷爷奶奶说的关心话语，让妈妈都感到很温暖。

23. 宝贝，谢谢你为妈妈准备早餐，这是我吃过的最好的早餐。

24. 你对我们的关心让我们感觉好幸福。

25. 你每次都会为家人准备小礼物，你很会表达爱。

26. 你能理解爸爸妈妈的感受，并给予回应，爸爸妈妈感受到了你的爱。

27. 你的体贴入微让爸爸妈妈感到无比幸福。

28. 谢谢宝贝送给妈妈的礼物，妈妈很喜欢。

29. 你每天的欢笑就是给家庭带来的最好的礼物。

30. 你能够表达对爸爸妈妈的感激之情，还向爸爸妈妈表达了爱意，好棒。

31. 你的爱比任何礼物都珍贵，让爸爸妈妈感觉好幸福。

32. 你总是在妈妈疲惫时给妈妈送上温暖的拥抱，妈妈好幸福。

贴心叮咛

不管是向孩子表达爱意，还是接受孩子的爱，家长都不能敷衍了事，而是要让孩子感受到我们的真诚和热情，让他们明白，爱和被爱都是美好的。